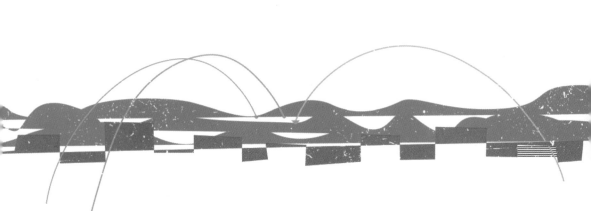

歷史上的刺蝟島

前進全臺十四處戰爭與軍事遺構國定古蹟

文化部文化資產局

2023 年 9 月

寧靜時光的必要之刺

臺灣是一座自然樣貌繁複的島嶼，它的歷史發展也繽紛異常，其中一部分即體現於「戰爭與軍事遺構」的國定古蹟之中。

地質上，臺灣坐落在歐亞板塊與菲律賓板塊相接碰撞之界；地緣上，這座聳拔於汪洋之上的美麗島恰巧嵌於西太平洋島弧的中點，而且與亞洲大陸之隔一衣帶水。於是，當四百多年前臺灣以「美麗島」之名進入國際視野，就迅速成為競逐的焦點，國族、經濟等各色勢力來來去去，臺灣不但是動物植物奔跳綻放的樂園，也是各路人馬較勁的角力場。

荷蘭、西班牙、鄭氏王朝、清朝、日本⋯⋯，列強先後在臺灣建立治權或政權，他們必須防範其他覬覦這座島嶼的他者，這使得以「福爾摩沙」享譽於世的臺灣漸漸被塑造成一座「刺蝟島」，每個時代都因應各自的挑戰修建各式防禦設施：堡壘、砲台、要塞、城池⋯⋯。

時代遞嬗，政權迭替，科技演進，種種因素使得這些具有軍事性格的建築物退下歷史舞台，彷彿不再銳利的尖刺，有的傾頹——如臺灣第一座堡壘熱蘭遮城，有的所存有限——如四草礮臺，有的仍存在於我們的日常——如臺灣府城、臺北府城，或者荒涼卻是在地人平日優游之所在——如基隆港邊的砲台，我們還可以發現砲台因應軍事科技演進，不得不從空曠的制高點逐漸遁入地底的歷程。

古蹟有形，卻多於有形的土木磚石，這些飽經時光人事淘洗考驗的老邁建物至今仍存，或許是爲了向來來去去的人們訴說歷史如何塑造並如何在它們的身上留下一道道跡證。戰爭與軍事遺構類古蹟不像宮廟教堂散發溫暖，也不是「寧靜時光」下的產物，但它們的存在一點也不冷硬，反而可以說是爲了護守島嶼的寧靜時光，才不得不成爲島嶼的刺。

　　《歷史上的刺蝟島》描述十四處戰爭與軍事遺構類國定古蹟，從時間和歷史的角度來「挖掘」這些老靈魂的生命史，在善寫小說、故事的作家筆下，古蹟不是丈量也不是調查研究的對象，卻彷彿是曾經牽動臺灣歷史的血肉之軀。

　　新書問世在卽，非常高興向國人推薦這本耗時超過一年、且結合眾人才力的好書，《歷史上的刺蝟島》，期待大家人手一本，一起「前進全臺十四處戰爭與軍事遺構國定古蹟」。

文化部　部長

島嶼身世之所繫

　　古蹟是觀光勝地，更是看得見的歷史。

　　文化資產的保存、傳承與弘揚這三個面向是文化部文化資產局的核心願景與工作目標。古蹟是珍貴的文化資產，但如何將不能移動的古蹟「送」到國人眼前，如何吸引國人親近以及自發性走進古蹟，也一直是文資局心心念念的願想。

　　臺灣目前登錄國定古蹟一〇九處，有原住民族舊社、祠堂、寺廟、教堂、宅第、官邸、城郭、關塞、衙署、車站、書院、碑碣、牌坊、墓葬、燈塔、橋樑、產業……，類別之繁幾乎含括古今日常生活接觸得到的各種場域，只要願意，無一處不是「看得見」又「走得到」的歷史現場。為此，本局去年以宗教類國定古蹟為主題編撰《寧靜時光》一書，帶領國人走訪全臺二十八處廟寺、教堂、祠堂，領受療癒溫暖的光芒。今年我們再接再厲，以「戰爭與軍事遺構」為主題，策劃《歷史上的刺蝟島》，邀請六位青年作家以文學的眼光來看這些回應歷史挑戰的戰爭與軍事遺構。

　　古今中外，凡是經典往往每隔一、兩個世代就重新出版，如紅樓夢、如莎翁劇本。被重新閱讀，被重新詮釋，是經典的特權。國定古蹟是文化資產的「經典」之一，以青壯的眼光重新看待是必要的，而以文學的步伐接近，細察時光的肌理，或描述，或揣想，或感懷，或

爬梳古蹟與歷史的關係，在保存、維護、修復之外，也許是另一條促使古蹟常新的秘徑。

　　《歷史上的刺蝟島》結合歷史、文化、建築與文學，論古蹟的來歷、結構、布局，可能不比專家學者深入，但這是一本引人入勝的讀本，足以激發人們對古蹟的關注，進而樂意一探。本書試圖扮演叩門磚，吸引讀者走進古蹟，認識其時代背景，從而瞭解我們立足的島嶼所經歷的過往。

　　文資局邀請大家翻開書頁，跟著青年作家的筆鋒，一起前進十四處島嶼身世所繫之地。

文化部文化資產局　局長　　陳濟民

目 次

溯看島嶼的挑戰與回應

編輯小組

臺灣位於東亞與西太平洋相接處，就像廣漠海陸的一線交集，自從進入國際視野以後，各方利益在此競逐。

四百年來，臺灣一直是地緣紛擾不絕之地，海盜、跨國企業、崛起的帝國……荷蘭、西班牙、法國、日本……劫掠、商業、殖民……，各色人等多元國族來來去去，都將臺灣視為實現利益或野心的目標，促使當政者在各自的時空背景下起建防禦設施，堡壘、砲台、要塞，砲口一致對外，沒有一處不是為了抗拒外來勢力。

島內也不總是平靜，民變可以說是頻繁的，有的不滿當局統治，有的甚至高舉稱王稱帝的大旗，過程與結局往往卻驚人地相似：人民起事，官府鎮壓，鎮壓結束，城池誕生。

政權的更迭從未能阻止挑戰降臨，有時是島內紛擾，有時是國際爭端，臺灣現存的戰爭與軍事遺構多數是回應歷來挑戰的產物。在時代遞嬗與滄海桑田般的自然環境變化之後，在某些人為破壞與後來刻意保存之下，儘管這些防禦設施沒有一處完好如初，卻都以一種局部的特異姿態、以國定古蹟的身分繼續存在，我們因此得以一窺臺灣四百年來的政權與島上的人們如何應對交相逼迫的挑戰。

《歷史上的刺蝟島》一書以臺灣遭遇的重大歷史事件爲經，以事件後官方爲了因應而興修的防禦性建築爲緯，分別提及六個事件／時代、十四處國定古蹟。最早的是荷蘭東印度公司於一七二四年起建的熱蘭遮城，那是臺灣第一座軍事堡壘，矗立於尙未積塞成陸的台江前沿鯤鯓島上。最晚的是日治初期的槓仔寮砲台和大武崙砲台，時當二十世紀初，日本躋身殖民國之列不久，這個年輕的東亞帝國躍躍欲試，打算將臺灣打造成一個要塞島，積極警戒在亞洲擴張版圖的俄國與歐美列強。

　　從荷治到日治，三百年間臺灣經歷許多外來的挑戰，最嚴厲的應該是「牡丹社事件」。一八七四年日本出兵臺灣，促使淸政府一改對臺態度，積極部署，其後二十年間還實施了領臺以來最後一波行政區劃，新設恆春縣和臺北府。此外，爲了亡羊補牢坐實對「番地」有管轄之實而施行「開山撫番」，這項政策宛如「侵入式治療」，堪稱臺灣原住民族處境質變的肇端。

　　這十四處國定古蹟有的與日常生活交融於一，如鳳山縣舊城、臺灣府城、恆春古城與臺北府城，至今依舊是人們穿梭俯仰之地。砲台、堡壘通常坐落要地，或居高臨下，或控扼津口，然而都因軍事科技的演進而喪失軍事效益，最終褪去軍事色彩成爲觀光景點，如高雄旗後礮臺、淡水滬尾礮臺、基隆二沙灣砲台、大武崙砲台、槓仔寮砲台以及澎湖西嶼東、西臺。至於臺南的熱蘭遮城／臺灣城（安平古堡）和二鯤鯓礮臺（億載金城）人來人往市囂不絕，在台

江地貌「易容」之前都是臨海的堡壘，四草礟臺則是一八四〇年第一次鴉片戰爭遙遠漣漪下的產物。

　　從前述國定古蹟出現的先後順序和地理分布，還可以印證一項素為人知的事實——外來勢力在臺灣促成的發展進程為由南而北、先西後東。東臺灣完全沒有「戰爭與軍事遺構」國定古蹟，除了海峽的傳統兵家要地澎湖，甚至僅集中於臺灣南北兩端，如今看來空間分布相當不平均，卻如實反映以及示範了身為一座各方勢力覬覦的島嶼可以如何自保。

　　本書邀請朱宥勳、瀟湘神、熊一蘋、謝宜安、班與唐、何玟珒等六位青年作家，不從個別古蹟下手，而以臺灣近四百年發展的時空進程為線索卻逆溯之，從距離當今最近的日治時期開始，自目前的政經重地北臺灣一路往南探索，以文學之筆帶領我們，看看臺灣在歷史上曾經是一座怎樣的「刺蝟島」。

槓仔寮砲台

二沙灣砲台

大武崙砲台

滬尾礮臺

臺北府城

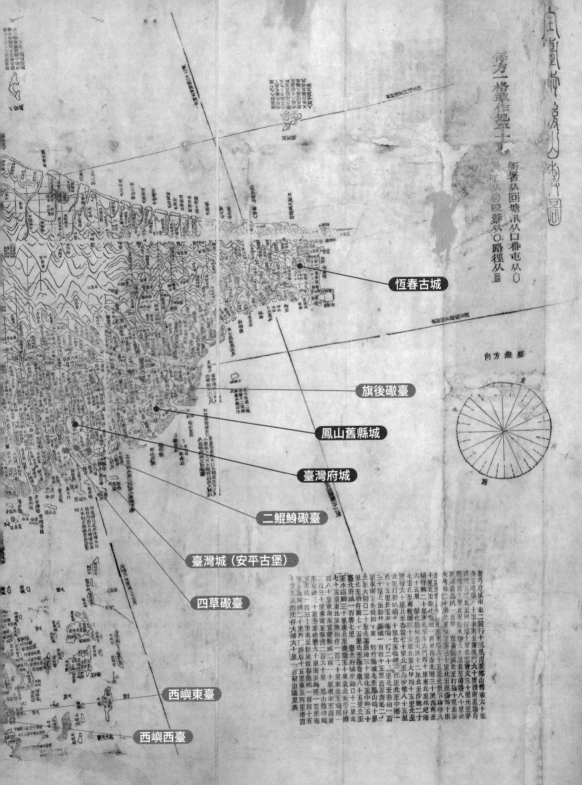

恆春古城

旗後礮臺

鳳山舊縣城

臺灣府城

二鯤鯓礮臺

臺灣城（安平古堡）

四草礮臺

西嶼東臺

西嶼西臺

十四處戰爭與軍事遺構國定古蹟分布圖（底圖／余寵〈全臺前後山全圖〉，來源／美國國會圖
書館，Library of Congress, Geography and Map Division）

砲台與城池，臺灣史關鍵化石

朱宥勳

臺灣是一座位於板塊交界帶的島嶼。

不，我說的不只是地質現象，也是歷史與文化。地質上的臺灣，位居歐亞板塊與菲律賓海板塊的交界帶，在板塊的擠壓下浮出海面，並形成了高聳的山脈地形。而歷史上的臺灣，也位於陸上帝國中國的東南方、廣袤的太平洋西側，更是往北通向東北亞的日本、韓國，往南通向東南亞的菲律賓。卡在這個要衝之處的臺灣，雖然並沒有在遠古時代就建立起龐大的國家，卻在人類航海技術日漸發達、各國逐漸進入「大航海時代」之後，躍上了世界史的舞臺。就算不考慮其他物產，光就這個要衝位置，就足以讓臺灣成為世界各國爭搶的地盤，此一地緣特色，放在二〇二三年的今日也沒有改變。

如同板塊擠壓造就了臺灣獨特的地形，世界列強的入侵、占領與敗退，也造就了臺灣獨特的歷史軌跡。解嚴之後，普遍在學校裡唸過臺灣史的世代都能琅琅上口的歷史階段，在在顯示了上述的痕跡：荷西時期、明鄭時期、清領時期、日治時期……。如果說板塊擠壓能夠塑造山脈，一次次的外力與抵抗，也彷彿塑造了臺灣人的身世與文化。身為兵家必爭之地的臺灣，在這過程裡確實是血淚斑斑、承受著刀刃、硝煙與火藥的。攤開過去數百年來的臺灣史，我們幾乎找不到連續

一百年的和平時期。但也正是在這樣不斷襲來的軍事壓力裡，臺灣逐漸長出了自己的姿態與樣貌，如同在高壓之下凝結而成的礦脈一樣。

而在你手上的這本書，正是一分臺灣史的「地質紀錄」。

本書的主題，是各式各樣遺留在臺灣的「軍事古蹟」，包含城牆、砲台、要塞、營壘等等古建築。在時代的淘洗下，許多這類設施早已傾頹消失；卽使留存下來的，也都因爲軍事科技的變化，而不再擔負保衛島嶼的功能。在民衆、學者與政府的合力保存下，它們擁有了「文化資產」的新身分，或者成爲著名的觀光景點（比如臺南的億載金城），或者成爲市民日常休憩的公園（如基隆的許多砲台），甚至有些早已融入尋常百姓家，居民與行人還不見得明瞭其意義（比如熱蘭遮城的部分稜堡遺跡）。但它們都有一個共通點，就是見證了臺灣這座島嶼抗擊一波波外力入侵的記憶。

如果「兵家必爭」是臺灣史的重要主題之一，那這些軍事類古蹟，自然就是銘刻了一代代臺灣人無形的意志與苦難的、最堅實的物理證據了。光是「它們還在這裡」這件事，都能令人感到一種鏗鏘的力道。因此，本書便以這些軍事古蹟爲線索，一一開展出臺灣史上的重大事件。每篇文章均鎖定數座軍事設施，不只談它們的「物質存在」，更談它們的「前世今生」，它們是在什麼背景下建成的？爲什麼會在現在的位置、變成現在的樣貌？更重要的是，它們牽涉到哪些人，又經歷了哪些波濤起伏的故事？

「說出這些古蹟背後的故事」，是這本書最核心的目標。因此，我們邀約了一批文學作家來撰寫本書。若要論歷史研究的精深、建築形制的考察，作家或許不如專家學者。但我們所寄望於作家的，是消化了專家學者的研究成果之後，以生動的文筆，將古蹟背後的故事介紹給讀者。由此，我們組成了包含瀟湘神、朱宥勳、熊一蘋、謝宜安、班與唐、何玟珏的作家團隊，分別撰寫不同古蹟的故事。這些作家的文學養成都在解嚴之後，對於臺灣史的接觸與興趣，普遍比戒嚴時期的作家更高一些。他們以各自不同的觀點與風格，爲這些流傳百年以上的歷史故事注入新意，相信能讓親屢其地、遊覽古蹟的讀者，更增添許多「看點」與樂趣。

　　除了按書索驥，一邊遊覽古蹟一邊對照歷史故事之外，純粹閱讀本書也別有一番的趣味。我個人最推薦的，是將這本書當成一系列「短篇連作小說」來讀。「短篇連作小說」是一種文學形式，意思是一本書當中的每一個短篇小說都可以獨立閱讀、前後互不相屬；但是，作者卻在各篇章之中，埋下了彼此相關的線索，從而產生「這是同一個世界觀！」的立體感。

　　本書雖然不是小說、也沒有刻意去埋設線索，但由於臺灣史的各個階段本就環環相扣，因此在每位作家完稿之後，竟自然而然形成了「短篇連作」一般交叉藏閃的結構。讀者只要稍加留心，應該很容易就會有「這個人怎麼又出現了」、「剛剛那座砲台原來在這裡」的驚喜感。舉例來說，熊一蘋〈堡壘誕生：從熱蘭遮城到臺灣城〉與瀟湘

神〈歷史迷霧中的幽靈：四草礮臺方位之謎〉所描寫的，原來是荷蘭與明鄭之間的同一場戰爭、不同的面相。而在〈堡壘誕生〉裡活躍於臺海周邊的海盜，竟然還繼續活躍於何玟珒〈默默見證島嶼三百年：鳳山縣舊城與臺灣府城〉所描寫的清領時期。而在謝宜安〈這是清朝治理臺灣之始，也是最後：牡丹社事件催生的城壘〉當中，調整了安平砲台與修築臺北府城的劉璈，也不期然閃現於拙作〈發生的與未曾發生的歷史現場：清法戰爭中的砲台〉裡。連鎖反應還可以繼續下去：拙作曾提到在「清法戰爭」大顯身手的林朝棟，而他在班與唐〈要塞化吧，基隆！──砲台新世紀〉竟然也有戲分……。

仔細想想，歷史的發展本來就是連貫的，因此同樣的人事物出現在不同歷史故事當中，並不是那麼奇怪的事情。然而，如果你只讀過歷史課本裡寥寥數語、前因後果都不可能很完整的敍述，那本書應當能夠帶給你許多驚喜。歷史故事層層疊疊，是時光的沉澱物，而本書所提及的砲台、城牆、要塞、營壘，都可說是從那些故事裡面遺留下來的「化石」。期待這本書，能夠在你玩賞「化石」之時，幫助你想像它們當時的肌肉、毛色乃至於吼聲。

畢竟《侏羅紀公園》（Jurassic Park）都有演過：有時，只需要一小段 DNA，就能夠復活一整個世界。

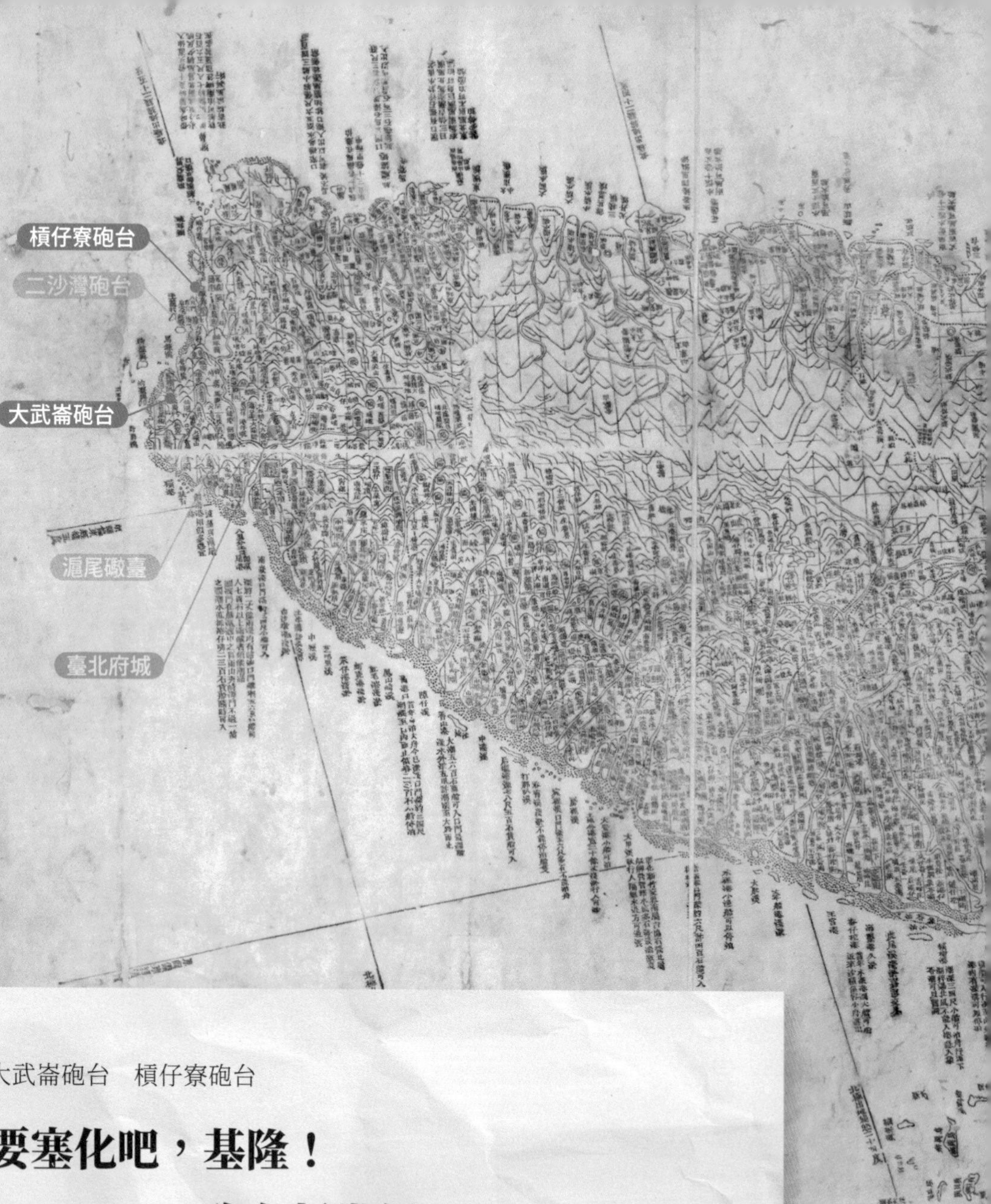

槓仔寮砲台

二沙灣砲台

大武崙砲台

滬尾礮臺

臺北府城

大武崙砲台　槓仔寮砲台

要塞化吧，基隆！

——砲台新世紀

班與唐

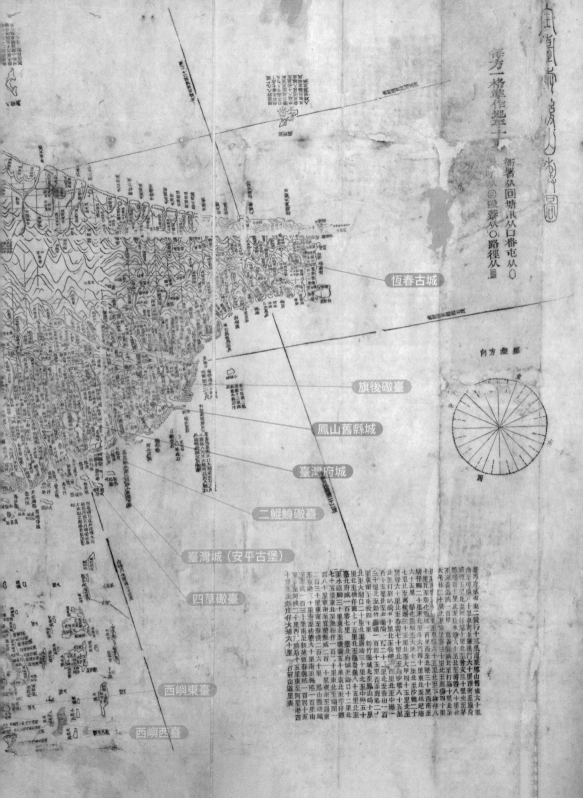

恆春古城

旗後礮臺

鳳山舊縣城

臺灣府城

二鯤鯓礮臺

臺灣城（安平古堡）

四草礮臺

西嶼東臺

西嶼西臺

大武崙砲台一景。（攝影／鄭錦銘）

大武崙砲台

始建年代：約 1900 年

指定年代：1985 年

所在地：基隆市安樂區大武崙情人湖邊

N

大武崙砲台

基
隆
港

21

槓仔寮砲台一景。（攝影／趙守彥，提供／文化部文化資產局）

槓仔寮砲台

始建年代：約 1900 年
指定年代：1998 年
所在地：基隆市信義區深澳坑路 7 巷 32 號（後方山區）

N

底圖／Google 地球

基
隆
港

槓仔寮砲台

每次從基隆車站走出來，第一眼是形狀如囊袋的基隆港灣，承接無數遊客與遊艇的玩樂合影，不禁令人佩服港口平時配戴溫順的面具，把殘酷的面容隱藏得很好。

平時的基隆港海納新文化，管他是口味多新奇的咖哩、沙茶還是異國調味料，皆能匯聚成為基隆的飲食洪流。可是仔細看散落在基隆各處的砲台、軍事遺跡跟紀念碑，暗示一旦有敵人來襲，基隆港能瞬間翻臉，舉起槍砲驅趕外敵。

細數歷來接手過基隆港的政權，可從十七世紀西班牙人在和平島建立的聖薩爾瓦多城（Fort San Salvador）算起，後來遭荷蘭人占據，緊接著荷軍又敗給鄭軍，鄭軍又敗給施琅攻臺，此後基隆區域進入長達兩百多年的清朝統治。往後的基隆，還短暫參與過一些戰事，但最為關鍵的一場戰役，當數一八九五年的乙未戰爭。戰後，日本治臺，不久為了因應與俄國在東亞地區逐漸升溫的軍事衝突，日本當局在臺修建防禦設施，大武崙砲台與槓仔寮砲台就是其中之二。

一八九五年，迎接海上的敵人

我們這一代人，普遍在歷史課本上讀過臺灣史，也因此都會知道一八九五年，臺灣因為清朝與日本簽訂《馬關條約》，因而進入五十年的日治時期。課本也告訴我們：《馬關條約》引起臺灣紳民強烈不滿，

一八九五年乙未戰爭前即有數處砲台拱衛基隆港。（底圖／ Google 地球）

於是舉起「臺灣民主國」的藍底黃虎旗，吶喊著：「吾臺民，誓不服倭，與其事敵，寧願戰死。」[1]「臺灣民主國」的成立，不只是爲了保護家園誓死一戰，也希望援引國際法的案例，謀求西方列強的介入避免臺灣被日本統治。

然而，「臺灣民主國」的種種外交算計最終全數落空。說到底，《馬關條約》是清廷與日本兩國正式簽訂的，要論國際法，日本方面也並沒有什麼理虧之處。在這樣的境況下，日本自然開始準備占領臺灣。

眼下生米已煮成白飯，臺灣人不得不迎接這場「乙未戰爭」。而位居北臺灣、貼近日本的基隆，也就成為「臺灣民主國」布防的要地之一了。

在此，我們可以稍微調換視角，從日本的角度來看這場「征台之役」。假設我們是作為攻擊方的日軍，首要思考的第一步是：該從哪裡集結軍隊，又要從何處登陸臺灣？

首先，最有可能的集結地點，應該是已納入日本屬地的沖繩，因此，最直接的登陸地點就是臺灣北部了。臺灣民主國將北部的防守重點放在臺北、滬尾、基隆三個地點。前兩者是行政中心及重要商港，而基隆則有鐵路、水路、陸路能直達臺北。在此，基隆的重要性就凸顯出來了：要是敵軍拿下基隆，等同臺北門戶大開。因此不難理解，臺灣民主國在迎戰日本前，在基隆部署了優良且緊密的火砲，嚴密防守外敵自基隆入侵。

清朝最後一次大規模升級基隆砲台，是在清法戰爭的基隆之役過後。雖然清軍在基隆之役獲勝，但當時的巡撫劉銘傳發現，多數砲台在交戰時就被法軍摧毀，發揮不了作用，於是優化了基隆砲台的選址位置，並且更新了一批新式火砲。

根據日本進攻基隆前夕的調查，基隆共計有六座砲台：社寮礮（砲）臺、頂石閣砲台、基隆小砲台（即二沙灣砲台）、仙洞砲台、獅球嶺砲台以及紗帽嶺砲台。這些砲台密集座落在基隆港周圍，以不

同角度俯瞰港口。臺灣軍使用的火砲有「阿姆斯托郎後膛礮」，這是一款專為防守海岸設計的英製火砲，另外還有德國的「博洪砲」等。[2]它們在十九世紀都是世界主流的火砲，好比軍火界的雙 B 轎車。

開戰前夕的北臺灣外海，此時有著詭譎的氣氛。臺灣民主國的內務部長俞明震，在日軍登陸前一天便觀察到：「倭兵輪二十九艘遊弋臺北海面；復分泊各海口外：基隆、滬尾、澳底、金包里、八里坌、大姑崁，凡可登岸之處，皆有兵輪。」[3]由此可知，北部的幾個港口已能見到日軍探查敵情的身影。

而在日本隨軍記者遠藤誠〈征臺紀〉的記述裡，也提到：準總督府樺山資紀先在一八九五年五月二十七日出發到淡水探查敵情，其他船艦在五月二十九日到尖閣島（釣魚臺群島）南方等候消息。[4]此處提及日軍派出的偵查船艦，可能就是俞明震所觀察到的那批。

上述的兩種觀點，透露臺、日雙方正在進行腦力戰：哪裡會是侵入／登陸的破口？最終北白川宮能久親王選在澳底（鹽寮）登陸，顯然是不想犯下「清法戰爭」之時、法軍犯過的錯誤，避免直接跟基隆正面衝突。

日本下的這步棋，可能也在俞明震的預料內，他早已在澳底布置了防線。然而，俞明震無法控制的是：第一時間駐守澳底的土勇竟然遇敵不敢戰，新募的「廣勇」也來不及部署兵力，使得澳底一下子被日軍拿

下。這個失誤，透露北部的臺灣軍隊成員紛雜，有殘存的清軍、新徵募來的廣勇，還有臺灣人組成的土勇。前兩者多半來自廣東，與臺灣沒太多關連、也不熟悉地形，後者則是以在地鄉民為主。背景不同的士兵之間不時發生衝突，也缺乏作戰經驗與作戰意志，使俞明震時常感到心力交瘁。不過，即使澳底陷落，俞明震也還沒完全失去信心。他寫道：「澳底在基隆北五十里，路崎嶇；中隔三貂嶺，最險峻。」[5] 表示即使澳底失守，日軍想從陸路抵達基隆、臺北，可沒那麼容易。

對於俞明震的信心，我們再轉回來看看日軍的感受。隨軍記者描述五月二十九日下午兩點抵達澳底，一行人努力克服退潮，忙到日落才完成登岸作業。登陸過程有清軍突然從右側攻擊，隨即消失在山裡。日軍派一中隊追擊，其他人繼續忙登岸工作。[6] 大抵來說，臺灣軍沒有什麼像樣的反登陸行動，日方只損失四名兵力，戰爭電影裡的慘烈「搶灘」畫面並未發生。現在鹽寮海濱公園有座「抗日紀念碑」，原來就是日本人所立的「澳底御上陸紀念碑」，見證乙未戰爭打出第一聲槍響。

日軍登陸後，一路從雙溪、三貂嶺、金胶蔣（瑞芳）向基隆推進。行軍過程，除了要跟清軍交火之外，還得克服險峻的山徑。日軍的軍隊組成有步兵與騎兵小隊，山路對士兵跟馬匹，都是嚴峻的考驗。另外頭頂還有炎熱的艷陽在燒，以及致死率極強的瘧疾環繞身邊。揮舞鐮刀的死神，正頻頻向登臺的日軍招手。[7]

當時的日軍未能預知，指揮此役的北白川宮能久親王在不久的將

來，即將因染上瘧疾併發的肺炎而死。從此，北白川宮能久親王成爲與臺灣關係最緊密的日本皇族，到處設有「御遺跡地」來紀念這位皇族「征戰的犧牲」。

照這樣看來，俞明震的預料大致正確。日軍往基隆推進的期間，俞明震忙著協調各部兵力。但臺灣軍仍多次爆發內鬨，如廣勇擊斃的日軍屍體遭營官（清軍）劫走，獻給時任臺灣民主國大總統的唐景崧邀功，因而氣走廣勇將領吳國華，擅自棄守小粗坑，讓日軍順利攻下九份。[8] 從這裡能看出來，臺灣軍隊有的缺乏作戰能力，有的則根本不在乎臺灣命運，只爲了賭命賺錢而來，隨時可能「罷工」，想統合這樣的軍隊，並不是容易的事情。

六月一日，兩軍在金胶蔣（瑞芳）、九芎橋激烈交戰。日軍到隔日才占領金胶蔣，但部分臺軍仍駐守附近土山山頭，隨時發動砲擊。而也就在這一天，當臺灣民主國還在頑強抵抗的時候，停在基隆外海的橫濱丸船上，樺山資紀與清朝代表李經芳正在進行臺灣交割儀式。

日軍占領金胶蔣後，北白川宮能久親王下令師團分三路朝基隆前進：前衛與本隊直往基隆，另有右側支隊往八斗子方向做掩護，以及左側支隊往暖暖做掩護。隨軍記者記錄，前衛與本隊在近中午抵達基隆南方的山頂小歇，能聽見東北海域日軍船艦的砲聲。

接著日軍來到一條山間彎路，能通基隆市：「首先是右方山翼接

近市街處有砲台與眺望樓，可知是防備海面之敵兵和山上下來攻其背側之敵人。又，與隔著市街的山頂相對之市街後方山上，似乎至少有數座砲台。而在山巔與山腰間交錯縱橫之道路上，旗幟歷歷可數。……（略）……而市街背後稍微偏西的山上砲台，以及前方道路右側略與市街東方相接之山上砲台，無疑是以防禦市街兩側之我兵為重點。」[9] 看來清軍特地在通往基隆的要道密布砲台，也確實造成日軍前進的阻礙。反過來說，日軍選東北角登陸，由陸路從南方與側面包夾基隆，戰略上也確實較正面攻擊來得正確。

內鬨無極限，獅球嶺淪陷

對臺軍來說，基隆最為關鍵的隘口是獅球嶺。此處能俯瞰基隆港，且嶺下有鐵路直通臺北。倘若獅球嶺失守，整個基隆恐怕會失去作戰能力，敵軍能輕易直通八堵朝臺北進攻。然而，這座隘口終究還是陷落了，而且又是因為老問題：兵將之間的不信任與內鬥。

在如今的獅球嶺砲台旁，有座百年的土地公廟「平安宮」。據說在清法戰爭期間，有位白髮老人持手杖逼退進攻獅球嶺的法軍，人們都說是土地公顯靈。現在的平安宮廟前有兩種樣式的石獅子，從風化程度判別，建造年代應一舊一新。如果有人仔細觀察那尊看起來年代較新的石獅子，會發現敬獻人的名字是「林朝棟」，不免懷疑這名在清朝立下無數戰功的霧峰林家大家長名字，怎麼反倒是出現在新石獅子上面？

林朝棟與獅球嶺的關聯，可追溯到清領時期。清法戰爭結束於一八八五年，距離乙未戰爭不過十年。昔時率領「棟軍」在基隆擊退法軍的林朝棟，此時仍然在臺灣軍政界扮演要角。想當然，在乙未戰爭前夕，眾人自然寄望林朝棟能留在臺灣率眾抵抗日軍。事實上，早在甲午戰爭期間，臺灣巡撫邵友濂就曾派林朝棟重回獅球嶺鎮守，看準的就是林朝棟的實戰經驗。由此來看，乙未戰爭爆發之後，林朝棟若在獅球嶺阻擊日軍，也是理所當然的吧？

　　不料，林朝棟這時反而被調離了前線基隆，而被臺灣民主國總統唐景崧派駐到新竹、彰化一帶。

　　為何如此？因為內鬥。俞明震在日記裡提到，最初林朝棟是分配駐守基隆獅球嶺的，但唐景崧考量廣勇與林朝棟率領的土勇（棟軍）不和，所以改派中部。而在時人眼中，這個決策顯然是重大失誤。彰化文人吳德功是見證了臺灣民主國潰敗後，臺灣淪為日本殖民地的一代人，他曾說：「奈何張兆連一譖，唐景崧即調至駐臺中，致天塹之險不崇朝而失。雖張兆連之猜忌，亦唐公一着之差也。」[10] 暗示唐景崧是聽信張兆連毀謗林朝棟的謠言，才做出此判斷。

　　這則謠言能追溯到劉銘傳擔任巡撫時期。當時林朝棟的「棟軍」聲勢達到鼎盛，官民立下良好關係。但隨著劉銘傳遭彈劾去職後，棟軍的資源遭朝廷日益縮減，埋下棟軍與官員不睦的未爆彈。顯然唐景崧的決策，也受到了這層關係的影響。[11]

獅球嶺在六月三日經歷了血腥風雨，對臺日雙方都是場硬戰。不僅途中遇到大雨，還得應付崎嶇地形，無法有效發揮砲彈功用。日軍記者描述：「兩軍之戰聲在猛烈雨勢中交相呼應，未知勝負誰屬。」[12] 而吳德功也寫：「獅球嶺防軍自恃天險，俯瞰山下，頑強抵抗。是日大雨如注，電閃雷轟，山鳴谷應，與礮聲相和。」[13]

經過一番苦戰，日軍還是在當日拿下獅球嶺，而其他軍隊也紛紛抵達基隆。

新時代的來臨：要塞化吧，基隆！

見證這段歷史最重要的建築物，當屬基隆祥豐街上的「基隆要塞司令部」。此處現今已修復成陳列館，開放給大眾參觀。建築物外觀修復得明亮，說不定未來會成為熱門的拍照景點。唯有門口令人無法忽視的「蔣公介石蒞臨巡視紀念碑」，以及陳誠、白崇禧等人的題字，提醒人們此地曾有的森嚴。畢竟，這座司令部不只是日本殖民時代「要塞化」的重鎮，也是在二二八事件中出兵鎮壓市民的據點。[14]

儘管現今的基隆要塞司令部已不再有軍事功能，但這棟建築物的存在，可說是日本明治維新、軍事西化的成果之一。

日本的「要塞」概念最早來自陸軍省教師團的法國人中佐馬魯庫

里（Charles Antoine Marquerie）。他提出「沿海防禦法案」，針對東京及幾個重要港口做重點防守，展開日本沿海要塞整備計畫。[15]

　　所謂的要塞，可以想像成好幾道同心圓狀的防線。每道防線的共同目標，即保護中心的要塞，稱爲「核堡」。最外圍的防線，防守距離也最長，適合以砲台、堡壘做長距離攻擊，也因此需要完善的遮蔽物以及無礙的視野。[16]

　　一八九五年不但是乙未戰爭開戰的一年，也是日本完成制定「要塞司令部條例」，並成立東京灣、下關等要塞司令部的一年。[17]日軍取得基隆後，陸續設立基隆憲兵隊、基隆衛戍病院、陸軍運輸基隆支部、基隆要塞砲兵大隊等，延續國內的要塞防禦計畫。

　　一九〇三年，總督府轄下設立「臺灣守備軍司令官」，分別在基隆與澎湖設立要塞司令部，作爲軍事基地的指揮中心。[18]基隆要塞司令部，就是坐鎮北部的「核堡」，防禦外敵侵略總督府所在的臺北。

　　基隆要塞司令部確立後，開始在周圍規劃砲台，依防禦方位分爲三種類型：一爲側面防禦型砲台，如大武崙砲台、內（外）木山砲台、槺仔寮砲台、八尺門砲台、深澳砲台；二爲防禦海港入口的砲台，如白米甕砲台、萬人頭砲台、牛稠嶺砲台、獅球嶺砲台、屯營（確切位置待考）；三爲對準海港口的砲台，如社寮島砲台及頂石閣砲台。[19]

作為陳列館的基隆要塞司令部。（攝影／班與唐）

大武崙砲台

比較清朝與日治兩時期的砲台，會發現兩者透露不同的防守策略與設計思維。清朝長期視臺灣爲邊疆地帶，不願投注資源發展充足軍備，就連過往遇民變或外敵，常由當地紳民集結鄉勇自保。直到牡丹社事件後，清朝才開始重視臺灣海防，重新整頓砲台設施。清朝部署砲台的方式採單點駐守，將兵力集中放置海港、河口及重要陸路，另在幾個山頭駐兵。然而，即使再多「單點」，也沒有形成互相支援的網路。而清朝建設的獅球嶺砲台，也是以單點駐守爲考量做設計，鎮守通往臺北的交通要道。

基隆要塞司令部確立後，就開始在基隆港周圍規劃三類砲台，圖中紅者爲側面防禦型砲台，藍者爲防禦海港入口砲台，白者則對準海港口。（底圖／Google 地球）

外木山砲台

白米甕砲台

萬人頭砲台

社寮島砲台

頂石閣砲台

八尺門砲台

槓仔寮砲台

牛稠嶺砲台

獅球嶺砲台

外木山砲台

深澳砲台

站在獅球嶺的砲座區，雖然能直覽攻擊範圍內的景物，但反過來說，缺乏其他掩護的砲台，也讓敵軍能直搗火砲，使砲台失去功能。[20]

　　相比之下，初得殖民地臺灣的日本，處於積極戒備在亞洲擴張版圖的俄國與歐美列強之間，因此比清朝更願意積極建設臺灣軍備設施。日本規劃在北臺灣搭起「火力防護網」，每座砲台各有不同的防守範圍，彼此互相照應，沿海築起一道防護網，嚴防敵軍侵襲登陸。舉大武崙砲台為例，砲台藏在隱密的大武崙山頭裡，而且砲座藏在基地的最深處，能掩蔽火砲及吸收震波。這就是要塞外圍防線，需要善用地形優勢來同時達成「隱蔽」與「遼闊視野」的典型案例。

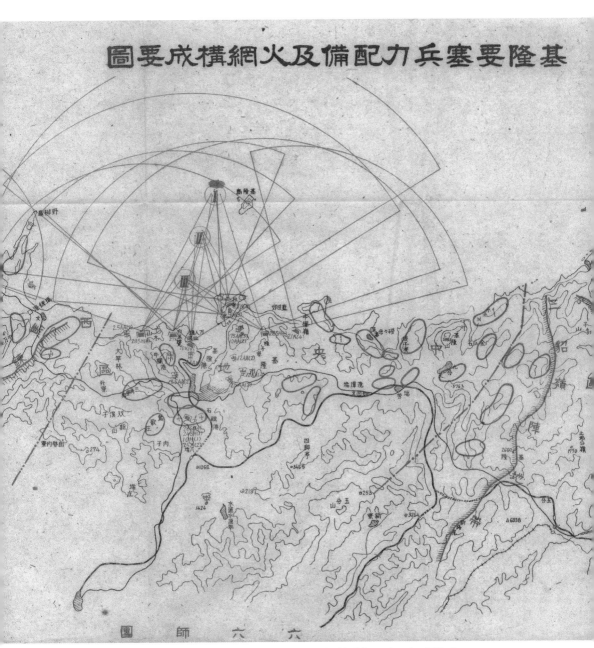

〈基隆要塞兵力配備及火網構成要圖〉（引自／《台灣軍事接收總報告》，一九四六。提供／國家發展委員會檔案管理局：國防部後備司令部 A305440000C/0034/1811.1/4010）

槓仔寮砲台俯視基隆嶼和八斗子漁港，有效監控基隆東北側的海域。（攝影／柯曉東）

槓仔寮砲台：昔日的要塞，今日的公園

　　槓仔寮砲台位於基隆要塞司令部東北方，建於一九〇一年。按照
出入路徑的設計，首先會逛到的是跟軍旅生活有關的兵舍區。現場保
留較完整的是「將士兵舍」，外觀是英式砌法的紅磚房，看起來意外
地典雅，能想像派駐此地的軍官，與國內其他要塞地的將領，享受的
是相同講究的兵舍，不同之處在於基隆難搞的氣候。

　　不習慣潮濕氣候的日本人，在建築上花費不少心思好讓自己住得
舒服。仔細觀察將士兵舍的地基，外圍有一圈「犬走」構造，推測當
初可能設置迴廊增加遮陽效果，下方則有稱為「貓洞」的通風口。[21]

將士兵舍是整個砲台裡最雅緻的建築物。（攝影／柯曉東）　　　通風口（貓洞）。（攝影／班與唐）

　　另一個逛砲台的大重點，就是觀察砲台的戰略地位。這可以從觀測所與砲座著手。檳仔寮砲台共有兩處觀測所，如鳥眼般長在基地兩側，遙望八斗子海港以及基隆嶼附近港外區域，也是檳仔寮砲台的守備範圍。雖然現今的觀測所密布芒草，但稍微墊腳，還是能見遼闊的海港。

　　若有看過其他砲台的觀測所，就會發現這裡的砲台地基還算廣闊，原因是為了放置「測遠機」而設計。偵查兵能靠這台儀器，得出精確的發射方位、角度等，第一時間透過「傳聲筒」傳達給下方砲座區的砲兵。而觀測所的下方也設有「通信所」，能即時利用電訊轉報最新戰況。[22]

前往槺仔寮砲台的山徑。（攝影／柯曉東）

　　順著觀測所、通信所旁邊的階梯下來，會抵達像是荷花池的觀景區。現在我們看到的荷花水池，其實就是以前的「砲座」，用來架設巨大的火砲，水池的圓形形狀代表火砲能 360 度調整方位。[23] 現今站在水池旁，可能會納悶：火砲怎麼會面對一堆泥土牆，不是應該正對海面攻擊嗎？這其實是一種「掩體式砲台」設計，特地將砲座藏在泥土牆後方，且安置在整座基地地勢較低的位置，只要搭配仰角向上的火砲，砲彈就能翻越泥土牆射擊海岸，還能藉泥土牆吸收震波，以及避免火砲被正面攻擊。

環繞砲座的一座座封死的小拱門，稱爲「臨時置彈所」，就是暫時放置砲彈的空間，上緣的內凹設計能避免砲彈淋雨。另外小門之間的孔洞，就是上述提到觀測員與砲兵即時聯繫的傳聲筒。

　　槓仔寮砲台早期備有兩種火砲，一種是曲線射程的榴彈砲，另一種則是直射的加農砲，兩者互相搭配能展現強大的作戰力。上述荷花池是榴彈砲的砲座，至於加農砲的砲座，得走另一條下坡路，前往基地東南角，面對瑞芳的方位。當年征臺的日軍，就是從這條路線抵達基隆。當然，在基隆要塞化之後，角色轉變了，日軍轉而成爲守備方。

通信所。（攝影／柯曉東）

拍照時，旁邊有位遛黑狗的大哥正在跟狗玩拋接球，球不時滾到我腳邊。爲什麼沒有半個遊客？大哥說放學時間一到，就會冒出一群小朋友。另外早些時間，有個老先生會固定坐在平射砲台區，點根蚊香坐定吹簫。我這才意識到，原來槓仔寮砲台對當地人來說，是與生活緊密關聯的都會公園。

1

1. 臨時置彈所上方的圓孔埋設上釉的陶管，通往其他砲座，兩軍交火時砲聲震耳欲聾，士兵可利用這些陶管與戰友通話交換戰情，有如「傳聲筒」。（攝影／班與唐）
2. 砲座後方的拱形凹槽爲臨時置彈所，用來暫時存放彈藥。（攝影／柯曉東）

2

槓仔寮砲台的砲座區。（攝影／柯曉東）

N

● 監守衛舍
② 兵舍
③ 砲具庫
④ 觀測所砲座
⑤ 彈廠
⑥ 火藥支庫
⑦ 砲座
⑧ 砲側庫

槓仔寮砲台平面圖

槓仔寮砲台座落於基隆市信義區山頂，爲日治時期興建的新式砲台之一，用以監控八斗子海面。槓仔寮砲台是基隆許多舊砲台中最大最完整的一座，分三層配置，最下一層爲營盤區，中間層爲營房、彈藥庫、坑道及通往砲台區的階梯，頂層爲砲座區，砲台有 360 度砲軌，可自由選擇發射角度，爲基隆市各砲台僅見。（資料來源／〈槓仔寮堡壘配置圖〉，〈基隆防禦槓仔寮第 1 堡壘建築の件〉，C02030479900，日本亞洲歷史資料中心）

另外，大哥還報了一個當地人才知道的祕密。他指向遠方，問我有沒有看見模糊的高樓？仔細看，是臺北 101。大哥笑說，這裡可是當地人才知道的跨年地點。

1. 整座砲台都是黑狗的遊樂場。（攝影／班與唐）
2. 遙望臺北 101。（攝影／班與唐）

大武崙砲台：要塞、觀光客與黃金傳說

若檳仔寮砲台的定位是在地人等級的景點，那麼大武崙砲台就是標準的觀光景點。大武崙砲台離要塞司令部較遠，座落在海港西側的外木山區域，附近的大武崙沙灘、外木山濱海風景區都是熱門景點。當然，觀光客往來遊賞的時候，大多都不會知道現在的熱鬧海邊，在清法戰爭時期曾是血腥戰場吧。

如果選擇遊客較少的路線，從沿海的海興步道出發，走沒幾公尺就會明白為何大家通常從情人湖風景區抵達──因為這能減少鐵腿的風險。不過步道起點的土地公小廟與寫有「千年古道」的巨石，使海興步道增添了歷史風情。據說步道是以前漁民往返基隆市區的要道，現在由當地的海興游泳協會在維護。比對一九○四年的臺灣堡圖，確實有條通往山頭的小徑，使古道說法更加可信。

海興步道走到底，會先抵達情人湖風景區，再接往登砲台的登山步道。從此區開始，整條步道一直有遊客不間斷地往返，人龍依序隱沒在樹林茂密的大武崙山頭內，直到看見前方出現石垣壁，這才知道砲台就在眼前。

大武崙砲台興建於一九○○年，比檳仔寮砲台的興建年分早，整座基地環繞山頭而建，因此順著園路繞一圈便能逛完砲台。這邊配備的設施大致與檳仔寮砲台相同，同樣有觀測所、砲座等，但是兩者的

大武崙砲台藏在山頭裡。（攝影／班與唐）

北稜堡，用來護衛砲台。（攝影／鄭錦銘）

積水落葉的避彈壕。（攝影／鄭錦銘）

設計差異，仍體現出不同的戰略考量，根據二戰末期曾在基隆駐軍的渡邊光治先生回憶，槓仔寮砲台定位屬防禦型砲台，大武崙砲台則屬攻擊型砲台。[24]

　　大武崙砲台的觀測所只有一處，規模比槓仔寮砲台小得多，主要讓軍官在此地指揮戰術用，守備範圍包含大武崙海岸、外木山漁港以及附近的陸路。雖然茂密的芒草遮住觀測所的視線，但撥開就能看見遠方如三炷香的協和發電廠，代表外木山漁港始終在大武崙砲台眼底下嚴謹防備著。

地上扇形凹槽爲砲盤底座。
（攝影／鄭錦銘）

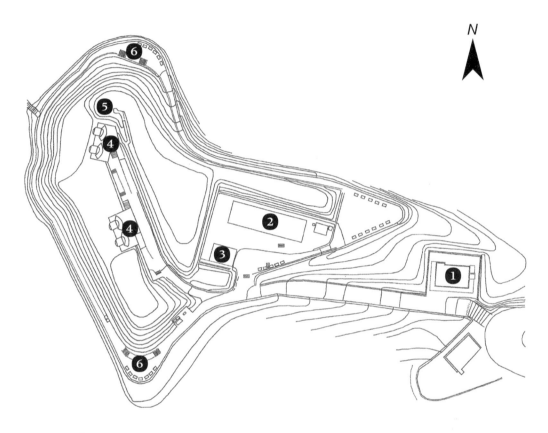

N

1 監守衛舍
2 彈廠、裝藥調製所、炸藥塡石所
3 砲具庫
4 砲座
5 觀測所
6 避彈壕

大武崙砲台平面圖

從前大武崙一帶是扼守基隆與淡水間水、陸路的交通孔道，砲台位於大武崙山頂，居高臨下，身兼陸防、海防雙重任務。大武崙砲台的遺構多爲日治時期所遺留，今已不具軍事用途，卻是基隆地區重要的國定古蹟。（資料來源／基隆市政府，《基隆大武崙砲台修復工程工作報告書》，一九九〇；基隆市文化局，《國定古蹟大武崙砲台調查研究補遺計畫》，二〇一三）

大砲台下方的彈藥庫。（攝影／鄭錦銘）

　　順著觀測所的道路走能直達砲座區，現址留有扇形凹槽，是當年用來調整火砲方位用的軌道。另一個大武崙砲台最具特色的設施，就是宛如地下城堡的彈藥庫，下挖設計能避免彈藥直接被敵軍摧毀，藉由周圍的斜坡道，可迅速將彈藥從下方彈藥庫推運到上方的砲座區，即時補充火力。

　　觀察整座基地的配置，會發現大武崙砲台的作戰區設置在基地外

大武崙山下方的掩蔽空間以紅磚砌成，既堅固，又呈現了幾何排列的美感。（攝影／鄭錦銘）

圍，而跟士兵生活有關的兵舍區則在基地內側。現址留有的兵舍建築，
是用粗獷的安山岩所砌成的一般兵舍。倒是後方沿山壁而建的掩蔽部
以紅磚砌成，看起來比一般兵舍雅緻，根據曾駐軍的長者回憶，基隆
空襲頻繁的期間，砲具庫曾臨時作爲軍官過夜的地方。[25]

　　砲台顯出基隆溫順之後的另一面，可以看出日本從明治時期以後
有意加入世界軍備競賽的決心。然而在一九三四年之後，沿海固定砲

台不再是防禦主力，這些一九〇〇年代興建的火砲，陸續轉移到新設的高雄臨時要塞，或者撤離作爲預備砲，預告世界的軍備舞臺，已從火砲、艦隊轉往空中發展。[26]

這些明治時期建設的砲台，有的在二戰時期僅有偵測美軍動向的功用，沒有實質戰力，更別提戰後接手的國民政府，作戰上更不需用到這些砲台，於是砲台一個個荒廢，卻生出傳說。

大武崙砲台就曾傳聞藏有日本人留下的黃金，據說眞有人偷掘挖寶。二〇〇三年，政府請專業人士拿儀器探測，還請曾駐紮此地的軍官井手一次郎現身說法，答案當然是：沒有黃金。[27] 砲台如今遊人如織，所有關於黃金的傳說早已煙消雲散。

大家更傾向將砲台想像成廢棄城堡，園區瀰漫孩子玩耍的笑聲，在坑洞跳上跳下。

註

1. 吳密察（1981）。〈一八九五年「臺灣民主國」的成立經過〉。《國立臺灣大學歷史學系學報》，8，頁105。內文係作者根據周學普中譯版（收錄於《臺灣經濟史》第六集，臺灣銀行經濟研究室，頁1-84）之重新翻譯。

2. 曹永和總纂，吳密察編纂（1985），《日據前期臺灣北部施政紀實》軍事篇，頁554-557。臺北：臺北市文獻委員會。

3. 俞明震（1959）。〈臺灣八日記〉五月初五。《割臺三記》，頁7。臺北：臺灣銀行經濟研究室。

4. 呂理政、謝國興編（2015），《乙未之役隨軍見聞錄：臺灣史料叢刊（18）》，頁60。臺北：中央研究院臺灣史研究所、臺南：國立臺灣歷史博物館。

5. 俞明震（1959）。〈臺灣八日記〉五月初六。《割臺三記》，頁7。臺北：臺灣銀行經濟研究室。

6. 同註4。頁62-64。

7. 遠藤永吉，《征臺始末》。江湖堂，明治32年。

8. 俞明震（1959）。〈臺灣八日記〉五月初五。《割臺三記》，頁7-9。臺北：臺灣銀行經濟研究室。

9. 同註4。頁72。

10. 吳德功（1959）。〈讓臺記〉。《割臺三記》，頁33。臺北：臺灣銀行經濟研究室。

11. 陸健嫻（2007）。碩士論文《晚清臺灣兵制的變化——以棟軍為例》。臺南：國立成功大學歷史學系。

12. 同註4。頁78。

13. 同註10。頁38。

14. 二二八事件紀念基金會。《二二八遺址資料庫》。2023年4月2日檢索自 https://228.org.tw/eseki-view.php?ID=29。

15. 張崑振（2005）。《基隆要塞司令部調查研究計畫》，頁28-29。基隆：基隆市政府。

16. 同註15。頁137-138。

17. 同註15。頁29。

18. 同註15。頁23。

19. 同註15。頁139。

20. 姜翔軒（2020）。碩士論文《清代北臺灣砲台配置之研究》。臺北：國立臺北教育大學人文藝術學院臺灣文化研究所。

21. 久恩工程顧問有限公司（2001）。《基隆市省定古蹟　槓子寮砲臺調查研究與修復計畫》，頁33。基隆：基隆市政府。

22. 同註21。頁25。

23. 同註21。頁14。

24. 曾文吉建築師事務所（2003）。《二級古蹟大武崙砲臺調查研究暨考古試掘計劃》，頁41。基隆：基隆市政府。

25. 同註24。頁26。

26. 張崑振（2010）。《國家古蹟槓子寮砲臺：日治砲台與火砲彈藥》，基隆市文化資產深度導覽手冊第4輯。基隆：基隆市文化局，2010。

27. 華視新聞（2003年3月13日）。〈日人證實，大武崙黃金已運回日本〉。2023年4月2日檢索自 https://news.cts.com.tw/cts/general/200303/2003

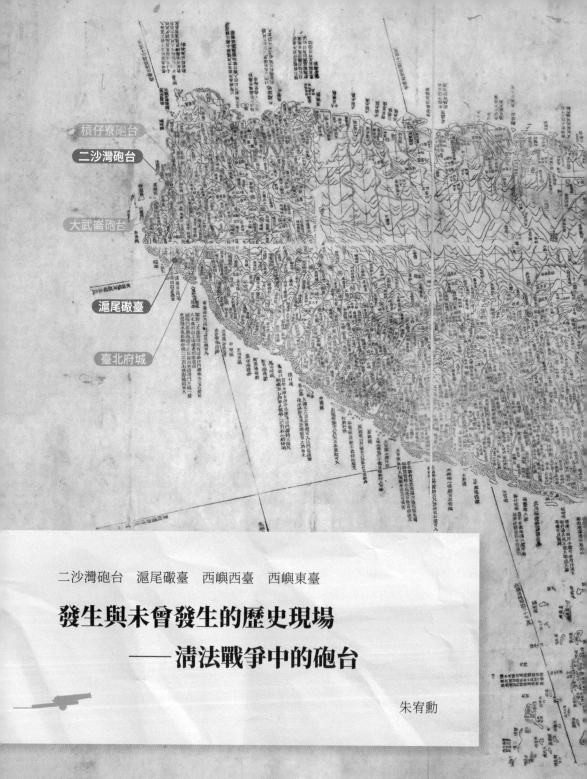

槓仔寮砲台

二沙灣砲台

大武崙砲台

滬尾礮臺

臺北府城

二沙灣砲台　滬尾礮臺　西嶼西臺　西嶼東臺

發生與未曾發生的歷史現場
——清法戰爭中的砲台

朱宥勳

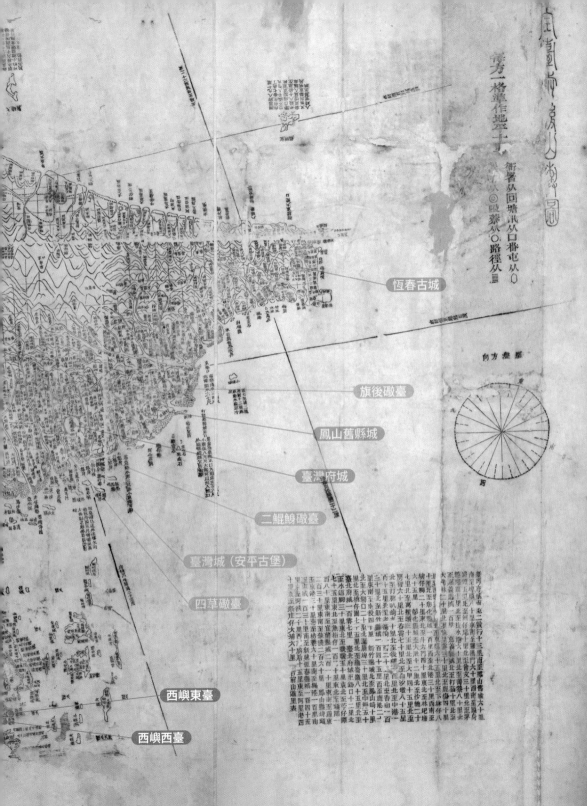

恆春古城

旗後礮臺

鳳山舊縣城

臺灣府城

二鯤鯓礮臺

臺灣城（安平古堡）

四草礮臺

西嶼東臺

西嶼西臺

二沙灣砲台一隅。（攝影／趙守彥，提供／文化部文化資產局）

二沙灣砲台

始建年代：1885 年

指定年代：1983 年

所在地：基隆市中正區中正路旁，民族英雄紀念碑對面
山上，位於大沙灣及二沙灣之間

N

基
隆
港

二沙灣砲台

滬尾礮臺中央廣場。（攝影／柯曉東）

滬尾礮臺

始建年代：1885 年

指定年代：1985 年

所在地：新北市淡水區中正路 1 段 6 巷 31 號

N

滬尾礮臺

臺北港

西嶼西臺入口。（攝影／趙守彥，提供／文化部文化資產局）

西嶼西臺

始建年代：1887 年
指定年代：1993 年
所在地：澎湖縣西嶼鄉外垵村 278 地號

西嶼東臺入口。（攝影／趙守彥，提供／文化部文化資產局）

西嶼東臺

始建年代：1887 年

指定年代：1991 年

所在地：澎湖縣西嶼鄉內垵三段 12 及 13 地號

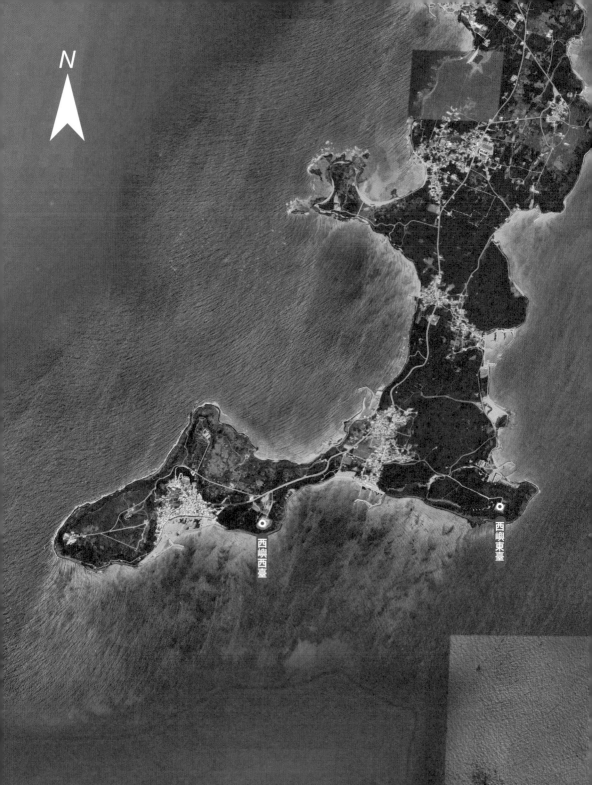

西嶼西臺

西嶼東臺

底圖／Google 地球

馬公港

一場與臺灣無關的戰爭

　　一八八四年，臺灣爆發了一場跟臺灣一點關係都沒有的戰爭。相較於此前真的在臺灣極為活躍的海盜與民變，還有真的發生族群衝突的「牡丹社事件」，這場「清法戰爭」從頭到尾，就是遠在萬里之外的一群政治人物搞出來的事故。臺灣人什麼都沒做，突然就被強大的法國遠東艦隊攻擊、封鎖，並且在長達數個月的對峙之後，又像什麼都沒發生一樣煙消雲散，徒留對戰雙方大量的屍體，以及幾座至今仍能供人憑弔的砲台：基隆的「二沙灣砲台」、淡水的「滬尾礮臺」以及澎湖的「西嶼西臺」和「西嶼東臺」。

　　為什麼法國人會突然決定打臺灣？一切的起因，竟是從越南開始的。十九世紀下半葉，法國希望像其他歐洲強國一樣，在海外拓增自己的殖民地。在亞洲，他們盯上的目標是越南。越南此前是清朝的「保護國」，面對法國的步步進逼，清朝自然必須出兵協防。因此，清法兩國便開始了一連串打打談談的過程。到了一八八四年，清朝代表李鴻章與法國代表福祿諾簽訂了「李福協定」。這次協議，就如同清朝與許多國家談過的一樣，雙方存在巨大的認知差距——法軍認為清廷已經答應撤軍，清軍卻沒有收到命令。於是，就在法軍派兵接收「北黎」地區時，清軍拒絕撤退，並且開火攻擊強硬進入的法軍，釀成了「觀音橋事件」。

　　這場衝突震動了法國政壇，輿論認為清廷背信忘義。因此，法國

除了再次要求清軍撤出越南外，更向清廷要求兩億五千萬法郎的軍費賠償。清軍此前既然不退，此時當然更沒有低聲下氣的道理，雙方在越南繼續對峙。這時候，法國政府想到了臺灣——或更精確地說，他們想到了「基隆」。

基隆可以拿來幹嘛？拿來當「擔保品」。法國政府的算盤是這樣打的：雖然越南是清朝的保護國，但不管占領越南多少土地，大清國本身並不會受到傷害。因此，最好的辦法，就是另開戰線，攻占一塊清國領土，以此為「擔保品」。如果清廷想要索回該處，就乖乖退出越南、賠償軍費；如果清廷拒絕妥協，那這處「擔保品」也要具有戰略價值，可以讓法國持續在亞洲發揮影響力。

根據法國人的調查，基隆是一處很適合的「擔保品」。它本身是優良的港口，並且出產煤礦。煤炭是當時戰艦的燃料，如果能夠占領這個產煤的港口，法國艦隊便有了立足之地，向西能夠威脅福州，向北能夠攻打天津，整個中國東南沿海都能橫行無阻了。

更棒的是，基隆的守備還很薄弱。在戰爭爆發之前，清廷已經注意到臺灣的軍事地位重要，容易引來各國覬覦。因此，清廷派遣劉璈擔任「臺灣兵備道」，負責加強臺灣的防禦能力。然而劉璈的施政重心放在南臺灣，對北臺灣的注意力有限——這個選擇不是不能理解，畢竟當時臺灣的精華區在南部，臺北府城還剛剛開始籌建而已。在一八八四年戰爭爆發前夕，全臺灣清軍共有四十營的兵力，其中北臺灣只有九營。而

依照當時的戰區規劃，北臺灣包含了現在新竹、桃園、雙北、宜蘭的防務，區區九營、不到三千精兵的守軍，自然是十分脆弱的。

就在這樣的背景下，臺灣人如雷貫耳的劉銘傳被加派到臺灣來，進駐臺北、主持北臺灣的防務以對抗法國。劉銘傳一上任，便開始勘查基隆、淡水等地的防禦設施，其中就包括趕工修築各個砲台。然而，法軍並沒有給劉銘傳太多時間：他才到任一個多月，法軍便開始砲轟基隆，開始了清法戰爭當中的臺灣戰線。

基隆・是棄守還是戰略轉進？

一八八四年八月五日，法國海軍少將李士卑斯（Joachim Lespès）率領三艘戰艦抵達基隆港。根據法軍事先收集的情報，基隆港已經進入防禦狀態，共有頂石閣砲台、仙洞砲台、白米甕砲台三座砲台，以及一座二沙灣附近的小砲堡。其中，「白米甕砲台」就位於現今的市定古蹟「光華砲台」之處；而最後那座小砲堡，則距離今天的古蹟「二沙灣砲台」，也就是著名的「海門天險」之處很近。

法軍觀察局勢，認爲只有較新的頂石閣砲台具有威脅性，其他砲台的火力都不足慮。於是在八月五日，三艘戰艦分別進入戰鬥位置。兩艘較大的戰艦從砲台的射程外開火，一艘較小的砲艦則深入港內，從側面威脅各個砲台。

一八八四年八月五日，le Villars、le Lutin 和 la Galissonnière 三艘法艦深入基隆港。（引自／
《一八八四－一八八五年法國人遠征福爾摩沙》地圖手繪稿，來源／國立臺灣歷史博物館）

在此，我們可以看到清法戰爭期間，不斷上演的畫面：清朝守將花了極大的力氣修建砲台，但實際開戰的時候，這些砲台卻幾乎無法威脅到法軍戰艦。它們往往在一天內、甚至是幾小時內就被摧毀，或者被轟炸到守軍必須撤退的地步。之所以如此，最關鍵的原因是「砲台不會動，但戰艦會動」——臺灣守軍並沒有任何足以阻擋法軍的戰艦，因此法軍從一開始就擁有完整的制海權，得以在海面上來去自如；而陸地上的砲台雖然看似能夠控扼各個水道，實際上只要砲座固定不動，其射擊範圍必有限制、必有死角。如此一來，法軍只要事先偵查各個砲台的位置、配備的火砲數量與規格，就能輕易將戰艦布置到最

清法交戰期間，劉銘傳奉命來臺督辦軍務，運用最新技術來鞏固海防，聘請德國工程師重建砲台，也就是今日的二沙灣砲台遺跡。來到古道階梯盡頭，二沙灣砲台迎面矗立。（攝影／鄭錦銘）

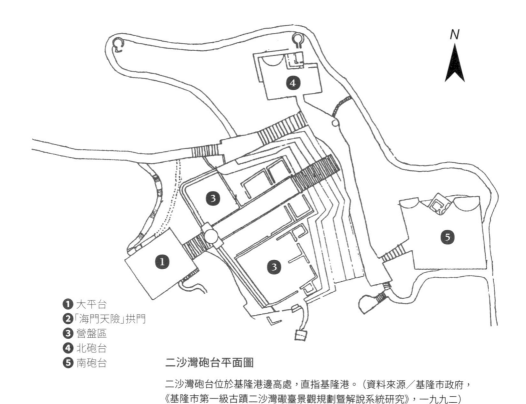

N

1 大平台
2 「海門天險」拱門
3 營盤區
4 北砲台
5 南砲台

二沙灣砲台平面圖

二沙灣砲台位於基隆港邊高處，直指基隆港。（資料來源／基隆市政府，
《基隆市第一級古蹟二沙灣礮臺景觀規劃暨解說系統研究》，一九九二）

佳位置，從而極有效率地摧毀它們。基隆的各個砲台如此，淡水、澎
湖乃至於擁有南洋艦隊的福州也不例外。

話雖如此，這些砲台卻已經是清軍當時所能採取的、最積極的防
禦手段了。如果連這些砲台都沒有，侵略者將可以毫無阻礙地長驅直
入，占領沒有城牆保護的港口。

總之，八月五日的基隆攻防戰以法艦的猛烈轟擊展開序幕。清軍
雖然也以火砲反擊，但僅僅造成法艦輕微的傷害。開戰後一小時，清軍

棄守所有砲台，法國軍官馬丁中校率領四百人登陸，掃蕩各個陣地、徹底摧毀火砲設施，並且占領港灣。此時法軍觀察到清軍撤退的隊伍，繼續以艦砲轟擊。八月六日，清法之間爆發了較大規模的陸戰。法國陸戰隊在二重橋、槓仔寮等地遭遇清軍的強烈反擊。根據劉銘傳的記述，清軍指揮官曹志忠、章高元、鄧長安、蘇得勝等人分頭出擊，迂迴包抄法軍的後路。法方則記錄了陸戰隊被兩千五百名以上的清軍重重包圍的戰況，考量到登陸兵力不足以長久守住戰線，法軍決定殺出血路撤回艦上。

第一次的基隆攻防戰，大致就以「法軍戰術勝利、但無法站穩腳

穿過拱門，走進砲台，厚厚的牆頭排列著一個個雉堞射口。（攝影／鄭錦銘）

跟」而告一段落。這樣的情況，同時顯現了法軍的優勢與劣勢。法軍的優勢在於火力強大、戰術精良，每每接觸都能創造巨大的戰損比（即便在前述的激烈陸戰中，法軍也只有兩人陣亡、十一人負傷；清軍則有數百人的傷亡）；法軍的劣勢卻在於兵力不足，能打勝仗但無法確保戰果。可不要小看「兵力不足」這一因素，法軍從歐洲萬里遠征至此，每一名士兵、軍官的陣亡，都難以獲得即時的補充；相對的，清軍雖然傷亡慘重，卻可以就近運補援軍、甚至就地招募民兵。只要戰事一拖長，法軍就會陷入極為不利的局面。

1.營房遺跡所在地。（攝影／鄭錦銘）
2.北砲台。（攝影／鄭錦銘）
3.南砲台旁的戰壕。（攝影／鄭錦銘）

而在這場戰役裡，劉銘傳做出了一個非常果決——甚至可能是唯一一個果決的決定：他在法軍登陸之後，下令拆除位於八斗子煤礦機器，並且將礦場和庫存的煤礦通通燒毀。這一做法，顯然有一點破罐子破摔的味道：法軍攻打基隆，爲的不就是煤礦嗎？那我先把煤礦給毀了，不但能夠避免資敵，還能讓基隆失去「戰略優點」，從而動搖法軍的戰鬥決心。

　　這個決定，顯示了劉銘傳能從「戰略」角度來審視情況的特質。但或也因爲如此，他後來才做出了爭議性極大、甚至招致許多罵名的「棄守基隆」之決定。在八月初的激戰之後，臺灣戰場暫時沒有太大的衝突，僅由李士卑斯所部之艦隊持續封鎖基隆港。到了八月下旬，法國的主力艦隊由海軍中將孤拔（Prosper Courbet）率領，以十三艘戰艦突襲福州的南洋艦隊，將二十二艘清軍戰艦摧毀，史稱「馬江海戰」。至此，中國東南沿海再沒有誰能夠威脅法軍了。九月底，孤拔率艦抵達基隆，接管了基隆戰場的指揮權，將臺灣戰局帶往另一階段。

　　孤拔不只是偶爾閃現在臺灣史上的人物，更是法國史上的海軍名將。迄今爲止，法國海軍已經有三艘不同世代的戰艦被命名爲「孤拔號」，其在法國人心中的地位可見一斑。孤拔大大活躍於清法戰爭，最後卻病死在澎湖戰役之後，更增添了他悲劇英雄的色彩。不過，對於清軍來說，孤拔的到來恐怕不是好消息。十月一日，孤拔將部隊分成兩股：李士卑斯率領四艘戰艦進攻淡水，再開一條新的戰線；孤拔自己則親率七艘戰艦主攻基隆，以前次戰役數倍的兵力登陸，力求一舉占領此地。

南砲台。（攝影／鄭錦銘）

　　淡水戰役的故事，我們將在下一節敍述，在此暫且不表。孤拔的雙線出擊，確實成功打亂了劉銘傳的判斷。如果我們攤開地圖，會發現「基隆、淡水、臺北」三地呈現一個不等邊三角形，其中基隆距離臺北較遠，且中間有許多河流和山丘阻隔；淡水則距離臺北較近，其間地形平坦無阻。而在清法戰爭之時，這三處的清軍主將，分別是坐鎮臺北的總指揮官劉銘傳、負責基隆的曹志忠以及負責淡水的孫開華。對劉銘傳來說，最理想的局面當然是基隆和淡水都能擋住法軍，如此臺北的大本營也自然能夠安全。但是，法軍在基隆、淡水分別聚集了兩倍以上的戰艦、數倍於前的陸戰隊，如果依照之前的對陣經驗，會不會兩處都失守呢？

　　與其兩頭落空，不如兩害相權取其輕——劉銘傳或許是這麼想的

吧？分兵防守可能守不住，那集中兵力防守，也許還能守住一個。既然要守住一個，哪一個比較重要呢？劉銘傳認為：當然是淡水。基隆已經是一個暫時沒有煤礦產能的地方了，而淡水不但是臺灣第一個對外通商的口岸，更是臺北的門戶。基隆淪陷了，還能依托地形阻擋法軍；淡水淪陷了，法軍恐怕就要一路衝進臺北城了。而如果臺北失守，腹背受敵的基隆淪陷也是遲早的事。

在這樣的判斷下，劉銘傳做出了棄守基隆的決定。十月一日，孤拔手下的戰艦再次砲轟基隆，並且以一千八百名陸戰隊攻上陸地。這次清軍已經沒有海邊砲台的掩護了，但在這段期間裡，清軍仍然在基隆東面、西面、南面的山丘上面築牆，作為阻擋法軍的防禦工事。這些高一至二公尺、厚二至三公尺的肩牆，是劉銘傳過去在中國平定「捻亂」時就使用過的圍阻戰術；但在法軍眼中，這些肩牆不但缺乏偽裝、甚至上面插滿了各營旗幟，很不專業地暴露了陣地所在。這些肩牆的空隙安放了若干山砲，但這些山砲毫無遮蔽地呈現在法軍眼前，成為活生生的標靶。

法軍兵分三路進攻，這次不但成功掃蕩了港灣，更在兩天之內攻下了東面、西面、南面的高地。在這段時間裡，法軍估計清軍傷亡四百人，法軍自身則僅有五人陣亡、十二人受傷。

但這也是法軍目前所能做到的極限了。法軍雖然增援了四倍以上的兵力，但要以一千八百人占領基隆、然後繼續往臺北挺進，實在是太

過困難的任務。而在清軍一方，當劉銘傳命令曹志忠等將領棄守基隆，全面馳援淡水時，卻遭到了前線將領的抗議。這些由清軍和地方武裝組成的守軍，並不願意輕易放棄他們與法軍對峙了兩個月的基隆。於是，在幾度命令來回拉扯之後，曹志忠的部隊仍然駐紮在基隆南面的外圍地區。這些清軍的裝備、素質或許不如人，戰鬥意志卻比想像堅強。他們在十月到十一月間發起了幾次反攻，雖然均被法軍擊退，但也確實與法軍形成了膠著的局面。相對的，法軍也在十一月初試圖進攻暖暖、十二月中旬攻擊鳥嘴峰，卻都在守軍與民兵的馳援之下無功而返。

此時的僵持，是對法軍極為不利的：這意味著，法國士兵必須要駐守在冬天的基隆。基隆多雨，至今猶然。而一八八四到一八八五年的冬天，卻是一個更嚴苛的冬天，總共只有十天出太陽。同時，基隆當地的痢疾等流行病也讓法軍大量病倒。直到十一月二十日，基隆方面還能健康活動的法軍，已經減低到一千兩百人以下了。在氣候嚴酷、醫藥補給不足的情況下，法軍因病減員的數量大大超過了傷亡的數量。

相反的，一八八四年年底，清軍卻陸續迎來了生力軍：民兵，或者用當時的用語，他們稱之為「土勇」。這些民兵由地方仕紳招募，往往自備軍餉參戰。比起從中國調來防守的清朝正規軍，他們或許裝備較差，但戰鬥意志卻極為旺盛。一方面，他們有保鄉守土的情感，不像外地軍隊那般事不關己；另一方面，帶領他們的仕紳也有趁此立功揚名、換取政治資本的強烈動機。在基隆戰役最富盛名的民兵領袖，當屬暖暖地區的周玉謙，以及從彰化地方募兵來援的林朝棟。

林朝棟的部隊抵達暖暖時已是十二月，因此他並未參加前幾次戰役。不過，他參加了隔年一月和三月的兩次「月眉山戰役」，這也是法軍在基隆的最後兩次大規模軍事行動。一八八五年一月，法軍獲得了「北非軍團」和「外籍兵團」各一千人左右的支援，補充了更多陸戰兵力，於是開始積極往內陸推進。一月初，林朝棟的部隊初次接敵，成功擊退了法軍。一月二十五日爆發的第一次月眉山戰役，法軍獲得很大的戰果，殲滅清軍兩千人並奪取多處陣地，但因為天降大雨而只能收兵。

　　三月四日爆發的第二次月眉山戰役，更是雙方傷亡最慘重的一次戰役。法軍在雨停之後完成作戰準備，正面從月眉山進攻，側面則另派部隊由深澳坑迂迴推進，一舉突破清軍構築的肩牆防線。在一片混亂中，曹志忠等清軍全線潰敗，幸好有林朝棟的部隊穩住陣腳，掩護戰敗的清軍渡過基隆河、退守暖暖。法軍隨後因為彈藥不足、基隆河水因雨暴漲等因素，最終只能望河興嘆，此後止步於基隆河北岸，再沒能往前推進。在這次戰役裡，法軍估計己方傷亡兩百人、清軍傷亡一千五百人；旁觀的英國人認為是法軍傷亡四百人、清軍傷亡一千一百人。無論如何，這已經是清軍罕見在戰鬥中，真正重創法軍部隊、造成三位數傷亡的紀錄了。

　　而在這一系列戰役中大放異彩的林朝棟，更在戰後獲得劉銘傳的信任。他旗下的「棟軍」不但納入正規軍編制、屢立戰功，更因此擴大了林家在臺灣中部的樟腦事業，重振了本來中落的家業。林朝棟的這一家族，便是日治時期極為活躍的「霧峰林家」。

淡水・官民聯手的精彩一勝

兵分三路，各表一支。我們之所以在前一節將「淡水戰役」一筆帶過，並不是因為它不重要。恰恰相反的：正是因為淡水戰役非常重要，所以值得另闢一節敘述——因為這是一場勝仗。從臺灣的角度來看，它是發生在臺灣、少數成功擊退外敵的一次戰役；即便從清朝的角度看，也是唯一一次在自家領土擊敗西方列強的戰役。也因此，淡水戰役更衍生出許多富有傳奇色彩的軼聞。

淡水戰役中表現最亮眼的角色，當屬孫開華。在許多歷史學家的筆下，劉銘傳與孫開華在清法戰爭的表現，可以說有雲泥之別。劉銘傳棄守基隆，雖然有其戰略上的主張，但也傳出他本人打算開溜的丟臉紀錄。根據當時住在淡水的英國商人陶德（John Dodd）在《泡茶走西仔反：清法戰爭臺灣外記》的記述，劉銘傳「帶著一千名士兵逃到艋舺，有意挾帶珠寶、金銀、細軟、糧秣，再往南逃到三十英里外的竹塹」，[1] 但這項逃跑計畫最終沒有成功，因為民風剽悍的艋舺民眾發現了這件事，包圍了劉銘傳的行列，將他軟禁在龍山寺裡，直到他承諾留下守備為止。這一事蹟不只英國人知道，當時任職於清廷海關的西方官員法來格記錄得更生動：「……該地人民怒而圍之，捉爵帥髮，由轎中搜出肆毆，且詬之為漢奸、懦夫。」[2] 這裡被抓頭髮毆打的「爵帥」，就是劉銘傳。

總之，雖然劉銘傳在臺灣現代化歷程上頗有貢獻，但他在清法戰

爭中的表現卻頗失水準。相對的，孫開華在時人眼中的形象卻完全不同。陶德就用一種半嘲諷、但也半是欽佩的語調描述過這位淡水守將：

> 孫開華將軍與幾位幕僚悠閒地在樹下享受午餐，絲毫無視頭上飛過的砲彈。他挺有法國式品味的，特愛香檳酒，儘管手下兵力不多，每天又有逃兵，援軍遲遲未到，但他仍舉止自若，好個勇敢的將領。[3]

在一八八四年十月初，劉銘傳棄守基隆後幾日，他也曾經下令孫開華退回臺北以「扈衛地方」。然而孫開華強硬拒絕了劉銘傳的要求，並且回了一句英雄式的宣言：「吾今誓死於吾汛地內矣！」[4]「汛地」是防區的意思，翻成白話文，這句話就是：「我已經決定戰死在自己的防區內為止！」

當然，孫開華並不是毫無準備地等待法軍上門而已。在開戰之前，淡水和基隆一樣都在趕造砲台，主要有油車口砲台、中崙砲台和沙崙砲台三座。其中，油車口砲台是火砲最新的，甚至到法軍進攻淡水前夕還在趕造。這一批大砲，本來是要運送到基隆去修築砲台用的，結果因為基隆外海已經被法軍封鎖，所以只好把火砲轉移到淡水使用。也因為這座砲台最新，在法軍的紀錄裡都稱之為「新砲台」。今日淡水的國定古蹟「滬尾礮臺」、「北門鎖鑰」，基本上就在當年油車口砲台的附近。

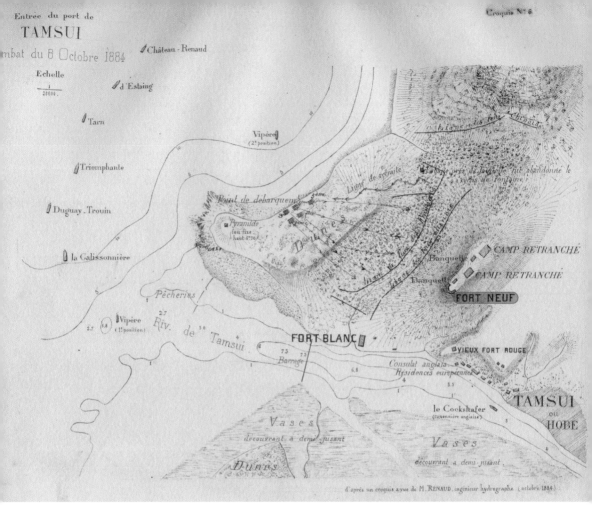

一八八四年十月八日，法軍登陸淡水之際雙方對峙的態勢。國定古蹟「滬尾礮臺」位於圖中標示「新砲台」（FORT NEUF，如圖中標示）附近。（引自／《一八八四－一八八五年法國人遠征福爾摩沙》地圖手繪稿，來源／國立臺灣歷史博物館）

　　如前所述，這些砲台基本上並未能阻止法軍登陸。比起砲台，淡水更增添了一系列基隆所沒有的「水面下」防禦措施：孫開華聚集了一批帆船，在船上塞滿石塊之後，將之鑿沉，以「沉石塞港」為防禦手段。當港灣內堆滿了沉船，一不小心就會擱淺、觸傷之時，法軍戰艦就無法隨意進出了。除此之外，孫開華也在港灣內布置了十枚水雷，透過引線牽到岸上守軍，可以在法軍船隻經過時引爆。

在這種局面下，法軍只好斥巨資雇用了一名英籍領港人 Bentley，由他來引導法艦行駛。這位 Bentley 可以說是清法戰爭中最大的贏家，先是任職於清廷治下的基隆港與淡水港，後又背叛清廷，在法軍這裡領到巨額報酬，可謂是左右逢源。

十月一日，負責指揮淡水戰役的法軍指揮官李士卑斯密傳訊息給港中的英國船隻，通知他們隔天一早八點將開始砲轟淡水，希望淡水港內的外僑可以儘早避難。不知哪個環節出錯，將消息走漏給清軍，十月二日清晨六點四十五分，清軍竟然先聲奪人，率先以砲台轟擊法軍戰艦。法軍當然立刻反擊，但由於當時海面上霧氣瀰漫，法軍只能依靠清軍發砲的火光來反推砲台位置，第一波反擊並不順利。

稍晚，霧氣散去之後，法軍才能比較精準地攻擊砲台。相較之下，淡水的砲台遠比基隆頑強，從六點四十五分開砲起，一直與法軍互轟到早上十點才停止。法軍在壓制了清軍砲台之後，仍然持續轟炸數小時，不但大規模破壞了砲台，更有不少砲彈落入淡水市區。據統計，十月二日這天，法軍可能向淡水傾瀉了超過一千發砲彈。

也許是有了第一次進攻基隆、卻因為兵力不足而被迫退卻的經驗，李士卑斯並沒有立刻強攻上岸，而是向基隆方向的孤拔求取更多援軍。援軍抵達後，原訂十月六日便要發起進攻，但因為風浪過大而延遲攻擊計畫，直到十月八日才正式從沙崙海岸登陸。登陸的法軍陸戰隊有五個中隊，兵力大約在五百人到八百人之間。相應的，清軍則自孫開

華以降，有龔占鰲、李定明、范意雲、章高元、劉朝祜等清軍部隊，以及民兵部隊張李成，各自埋伏在戰鬥位置，準備與法軍接戰。

法軍部隊上岸之後，依照計畫展開戰鬥隊形，向目標陣地進發。然而上岸不久，法軍便走入了一片充滿林投和黃槿的密林之中，陣形因而散亂，只能各自往新砲台前進。就在此時，孫開華下令清軍攻擊陷入密林的法軍，展開了近距離的白刃戰。法軍在地形不利的狀況下迎擊，但終究因為耗盡彈藥、無力推進而被迫撤退。最終，法軍在艦砲的掩護下退回海上，此後未曾再踏上淡水的海岸。在這場戰役中，法軍九人陣亡、八人失蹤、四十九名負傷，更有一名上尉軍官傷重致死，損失相對慘重。

這是一場難得的勝利，也因此衍生了種種誇大不實、卻頗能顯示淡水軍民振奮之情的傳說。比如在劉銘傳的奏摺裡，提及民兵領袖張李成的描述是：「我軍拔短兵擊殺，張李成領隊襲之，孫開華斬執旗法酋，奪旗銳入。」[5] 與法軍自己的統計對照，這說法已經不無膨風之處了。但到了《清稗類抄》這樣的野史著作裡，張李成的形象卻更加誇張：

> 張李成，臺灣內山人，美風姿，操俳優業，媚目巧笑，傅脂粉登場，初不審其為勇士也。光緒乙酉，法人攻臺北，觀察李某以劉省三中丞命，練土兵拒敵。張忽舍所業應選，李呼張小字曰：「阿火，汝胡解兵事！」張慷慨言曰：「火生長是間，不欲變服飾為西人奴也。」

山中善火者可千人，招之立集，善獵能鎗，可應敵。李善之，易其名曰李成，謂李氏所成就者也。時擢勝軍二千眾，屯滬尾礮臺坡，李成則率新卒五百，分為兩隊，承其後。擢勝軍一與敵接，立敗，張以二百五十人出，散髮赤身，嚼檳榔，紅沫出其吻。時潮上，法人爭以小船抵坡下，坡上草深沒人。此二百五十人者見敵皆仰臥，翹其左足，張趾架鎗以待敵。敵近，二百五十鎗齊發，法人死者百數，大駭而遁。山後復出二百五十人，作圓陣包敵。時潮落舟膠，有巨賈購得法華戰事股票，從軍觀勝敗，時亦陷足泥中。船上張白麾，請以金贖，張不可，作俳優聲曰：「吾不欲仇人金也！」殺而烹其尸。[6]

這段敘述半真半假，虛構手法頗為高明，因此讀來十分熱血。其中，張李成「操俳優業」是假的，但他被「李某」招募一事是真的，「李某」應為劉銘傳的部下李彤恩。而被招募一事雖為真，說他名字裡的「李」字來自李彤恩，這又不盡真實了。這段文字把戰術描述得活靈活現，但法軍戰死數字卻顯然誇大；不過，張李成麾下人數大約五百人，這數字卻又與官方數字相符。此外，這段文字描述「仰臥，翹其左足，張趾架鎗」的射擊方法，確實是客家人曾有的一種戰技；但說到張李成以唱戲的腔調說「我不要仇人的錢」然後殺死看熱鬧的「巨賈」，這卻又是顯然捏造的故事了。真真假假之間，唯一可以確定的是淡水戰役確實激起了清朝人亢奮的民族情緒。

滬尾礮臺的復刻大砲。（攝影／柯曉東）

1

2

3

1. 運彈坡。（攝影／柯曉東）

2. 砲盤。（攝影／柯曉東）

3. 滬尾礮臺的建築結構十分厚重。（攝影／柯曉東）

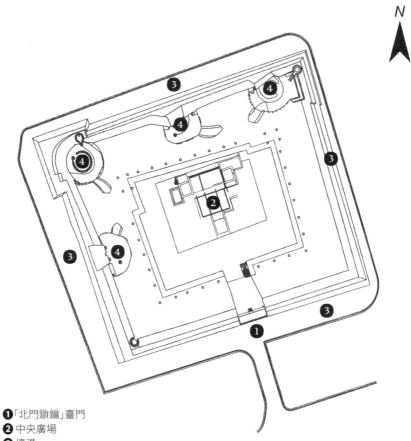

① 「北門鎖鑰」臺門
② 中央廣場
③ 壕溝
④ 礮座

滬尾礮臺平面圖

清法戰爭後，來臺督辦防務的劉銘傳深知臺灣海防脆弱卻深具重要性，決定在各海口興建砲台以利防禦，他聘請德國籍技師負責督造，以西洋砲臺為範本，在澎湖、基隆、滬尾、安平、旗後等地建造十座新式砲臺，滬尾有兩座，其中之一即「北門鎖鑰」滬尾礮臺。滬尾礮臺實際上並未遭逢戰事，所以保存得相當完整，如今是臺北地區著名的勝地。（資料來源／臺北縣政府文化局，《臺北縣國定古蹟滬尾礮臺修復或再利用計畫》，二〇一〇）

樹蔭涼爽，滬尾礮臺的身世卻是一段熾熱的歷史。（攝影／柯曉東）

　　而在淡水居民的記憶裡，更流傳著神明顯靈、幫助清軍擊敗法軍的故事。因此，在當地幾座著名的廟宇之中，都留有清廷所頒贈的匾額：福佑宮有光緒皇帝賜「翌天昭佑」、清水祖師廟有光緒皇帝御筆之「功資拯濟」、淡水龍山寺也有光緒皇帝頒贈的「慈航普度」。此外，傳說蘇府王爺也曾派神兵助陣，因此清軍將領章高元也呈獻「威靈赫濯」給蘇府王爺廟。神靈是否曾經顯靈，自然是無法考徵之事了；但這也不妨礙我們將頒贈匾額的行為，看作是贈與淡水居民社群的榮耀，以此彰顯了官民聯手擊退法軍的光彩事蹟。

澎湖・理論上存在的砲台

　　如果說在基隆和淡水，清法之間是處於拉鋸、僵持狀態的話，澎湖的戰況可就是摧枯拉朽、守軍幾乎沒有像樣的抵抗了。

　　一開始我們就說過，清法戰爭是一場「與臺灣無關的戰爭」，只因法國人的政治盤算而被捲入。依照這個說法，澎湖更是無關的二次方。當戰事進行到一八八五年一月中旬，法國已經開始考慮撤離臺灣的可能性了。但由於猝然撤退，恐怕會對士氣有過大的打擊，因此法國海軍部長電告孤拔：在撤離臺灣之前，需要再打一場勝仗；並且，要開始評估改占澎湖作爲補給基地的可能性。前者是之前提過的兩次月眉山戰役，後者是本節所要闡述的「澎湖戰役」——可以說，澎湖之所以被攻擊，很大程度是因爲法軍必須爲撤出臺灣找一個臺階下。

　　相較於基隆、淡水的守備態勢，澎湖戰前的狀況更爲鬆散。澎湖的地形十分特別，從地圖上看，一系列小島組成了一條「倒 U」形狀的島列，就像一個倒扣的銅鐘一樣。而澎湖最核心的媽宮港，則位於「銅鐘」的右壁內側，與左壁的「西嶼」遙遙相對。因此，法軍戰前最優先對付的目標，是位於西嶼的「西嶼西臺」、「西嶼東臺」兩座砲台。如果沒有除去這兩座砲台，就把船艦駛向媽宮港，勢必會受到背後的轟擊。其次，澎湖也備有金龜頭礮臺、小案山礮臺（測天島礮臺）、蛇頭山礮臺、四角嶼礮臺等大小防禦設施。這一系列防禦，由守將周善初，率領陳得勝、鄭膺杰、關鎮岳、梁璟夫等，共有三千五百人鎮守。

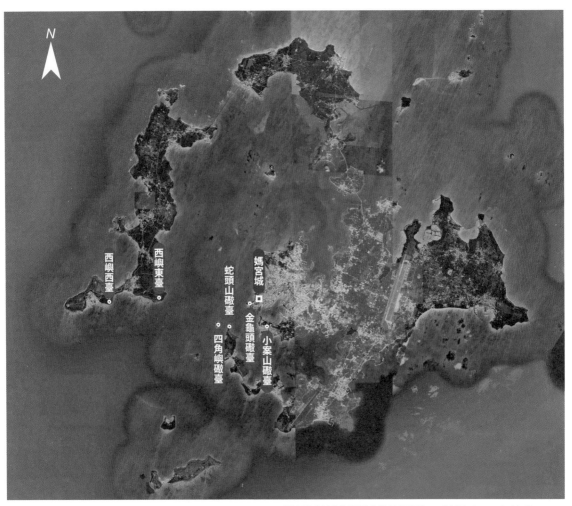

西嶼西臺

西嶼東臺

蛇頭山礮臺

媽宮城

金龜頭礮臺

小案山礮臺

四角嶼礮臺

清法戰爭前後澎湖群島的防禦設施。（底圖／Google 地球）

　　單從這個陣容來看，澎湖雖然沒有基隆、淡水那麼大的腹地，也沒有那麼厚實的援軍可以時時補充，但應當也能進行一定程度的抵抗。然而實際的戰況卻遠非如此，法軍輕易在兩天之內就攻占澎湖全境，將守軍全數逐出。

　　何以如此？首先是戰前的整備過於鬆散。自一八八四年八月法軍砲轟基隆，一直到一八八五年三月底，法軍進攻澎湖之間，至少已經有

一八八五年三月底澎湖群島的情勢，法軍部署了五艘艦艇。（（引自／《一八八四 -
一八八五年法國人遠征福爾摩沙》地圖手繪稿，來源／國立臺灣歷史博物館）

半年的時間。但在這半年之內，許多防禦工事仍然沒有整備完成，完全沒有臨戰的警覺心。三月二十九日，法軍戰艦駛向他們最忌憚的西嶼西臺，不料砲台完全沉默無聲，未發一砲──原來西嶼西臺、西嶼東臺雖然名義上有砲台，但根本還沒有安裝火砲！法軍探得虛實之後，再次毫無干擾地進入最佳戰鬥位置，四艘戰艦分別瞄準了各個尚有戰鬥能力的砲台，並將第五艘戰艦安置在各砲台的射程外，準備掩護陸戰隊登陸。

當日早晨七點多，法軍開始轟炸。雙方的對轟大概維持了一個多小時，清軍的砲台便陸續失去戰鬥能力。法軍則持續開砲直到午後，將清軍的各個砲陣地──包含「理論上」應該要有火砲的西嶼東、西臺──通通摧毀為止。駐防這些陣地的清軍紛紛退卻。當日下午五點，法軍依照原先的計畫，派遣陸戰隊四百人登陸圓頂半島（亦即現在的「嵵裡沙灘」一帶）。

這是法國指揮官孤拔的判斷：雖然嵵裡沙灘距離媽宮港較遠，但守備較為薄弱。他的判斷是對的。這天晚上，法軍幾乎沒有遭遇任何抵抗，就成功占領附近的高地，建立起防線。同一時間，法軍也派船艦抵近媽宮港偵查，發現水道口布有柵欄，疑似設置了水雷。不過，法軍很快發現自己再次高估了澎湖守軍：不但砲台沒有砲，該放水雷的地方，也沒有任何一顆雷，僅有兩條鐵鍊。

三月三十日清晨七點，嵵裡沙灘的法軍開始向東推進，進入現今井垵里一帶。在這裡，法軍終於遭遇到較有組織的守軍。駐守此處的，

是副將陳得勝率領的三百名「臺勇」，也就是由臺灣招募、訓練而成的官軍。陳得勝手下的這批臺勇，幾乎是澎湖戰役中唯一認真抵抗的部隊。早在前一天，法軍摧毀各個砲台、守軍陸續收縮退卻之時，澎湖的清軍指揮官周善初便也下令陳得勝後退。然而陳得勝的回答，跟淡水的孫開華異曲同工：「強寇在前，而未戰先退，可乎？」[7]於是拒絕撤退，而在井垵布陣迎敵。

然而，孫開華的豪言壯語，最終是在官民聯手、將士用命的局面下，締造了難得的一勝；陳得勝卻沒有這麼順利了。他首先在井垵抵擋了法軍數個小時，直到法軍的砲兵抵達，才被迫稍微後撤。而當法軍步兵推進，砲兵再次落隊時，陳得勝又在防線上抵擋了第二波攻勢。當日上午十一點，法軍調動兩艘戰艦加入戰鬥，從海面轟擊陳得勝部隊，他因此陷入三面受敵的危局。

這時候，其他的清軍在哪裡呢？根據《澎湖廳志》記載：「時德義營廣勇出社觀戰。得勝馳往乞援，不應；乞發子藥，不許。」[8]是的，你沒看錯，隔壁團的部隊只有「觀戰」，不派援軍、也不給彈藥支援；此處的「德義營」指揮官為關鎮岳，率領的是戰意不高的廣東籍部隊。陳得勝缺乏後援，完全無法抵擋法軍凌厲的攻勢，只得且戰且退，最終撤回現今澎湖機場一帶的大城北。即便在如此不利的狀況裡，陳得勝部隊依然沒有潰散，他仍能將部隊分作兩批、交互掩護而有序撤退，表現得可圈可點。而法軍的進攻，也在傍晚四點左右暫時止息。可以說，陳得勝部隊的奮力防守，至少拖延了法軍一整天的時間。

三月三十一日，法軍發起最後一波攻勢。陳得勝率領死士二十人，親自向法軍陣線衝鋒，很快便中槍落馬，幸好被親兵救回。而此前下令撤退的周善初、拒絕支援的關鎮岳，此刻也終於必須直接面對法軍了。他們先是向附近的部隊求援，同樣沒有獲得任何援兵——這便是澎湖戰役打得荒腔走板的另一個原因，島上名義上有三千五百名守軍，實際上卻各自為政，毫無組織可言。周善初、關鎮岳只能硬著頭皮抵抗，在下午一點半左右被擊潰，兩人都負傷向北逃竄。《澎湖廳志》記載了他們脆弱的作戰意志：「德義勇多線槍，能遠及，發鎗一輪即退。諸軍陸續接仗，皆無戰心，潰至大城北。路狹、人眾，為巨砲所乘，死傷甚多。」[9]白話文就是：即使他們配備了射程較長的步槍，還是只開火一輪就潰退；而且許多死傷，都是在撤退過程裡，毫無抵抗被轟炸造成的。相比於陳得勝前一天邊打邊退的表現，確實有著雲泥之別。

　　此後一路到媽宮港，法軍都沒有再遭遇任何守軍。清軍總指揮官周善初最終留下來的，是極為不光彩的身影。他和關鎮岳乘船退到大赤崁一帶，當地的仕紳出面請命，希望他們繼續堅守：「諸生陳維新、許棻請收合潰勇，扼守大赤崁，願鳩助軍食。不聽。乃搜民船，載勇渡臺，以避敵。」[10]地方人士籲請周善初收拾敗兵、並且願意捐助軍餉，但周善初的回應是什麼呢？他不但拒絕，甚至「搜民船」，帶著自己的部隊逃往臺灣。此處的「搜」字輕描淡寫，實際上就是官兵變成強盜，開始劫掠澎湖居民。相較之下，孤拔占領澎湖四個月期間，為了將澎湖建設為法軍的補給基地，反而通告居民：一切物資食物，法軍都會以金錢購買；如有士兵欺負平民，他接獲通報必定查辦。侵略者的軍紀反而在守軍之上，還有什麼比這更具諷刺意味的？

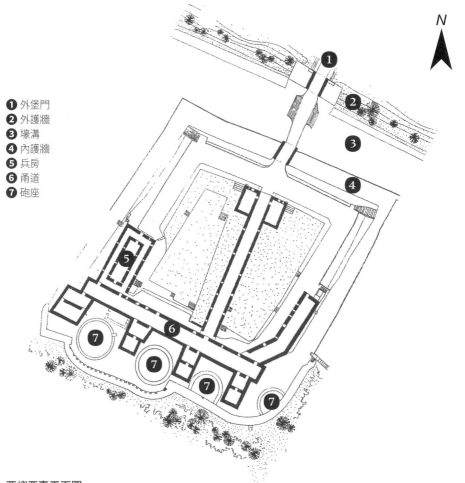

N

❶ 外堡門
❷ 外護牆
❸ 壕溝
❹ 內護牆
❺ 兵房
❻ 甬道
❼ 砲座

西嶼西臺平面圖

西嶼西臺位於澎湖西嶼鄉，是澎湖現存規模最大也最完整的古砲台，配備四門大砲。正面入口築有雙重拱門，外堡門上方鑲嵌李鴻章親題的「西嶼西臺」門額，四周高築堅厚牆垣，牆內疊石成堡，堡下的甬道四通八達，官兵可以在甬道內往來。（資料來源／澎湖縣政府，《澎湖縣西臺古堡修護保存計畫》，一九八六）

1. 走向西嶼西臺，穿過劉銘傳題字的門楣，走入大門是第二層城牆與入口。穿越內大門便是西嶼西臺壯闊的格局。內外牆間的壕溝。（攝影／呂鴻瑋）

2. 官廳與兵房入口的通道，採用丁字形掩體式設計，戰事爆發時士兵仍可在掩護下移動。（攝影／呂鴻瑋）

3. 在狹長的通道間行走，彷彿置身於一條沒有盡頭的坑道之中。（攝影／呂鴻瑋）

4. 復刻的阿姆斯托朗砲與日治時期重修的圍牆。（攝影／呂鴻瑋）

5. 位於臨海高地上的西嶼西臺。（攝影／呂鴻瑋）

1

2

3

4

5

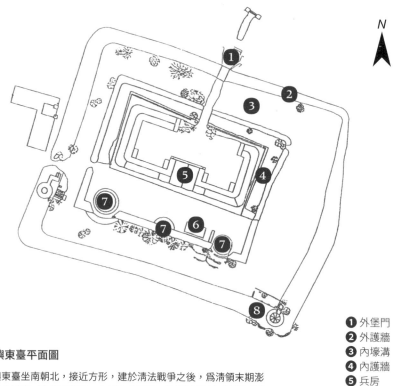

N

西嶼東臺平面圖

西嶼東臺坐南朝北，接近方形，建於清法戰爭之後，爲清領末期澎湖四大礮臺（金龜頭礮臺、大城北大礮臺、西嶼東礮臺、西嶼西礮臺）之一，完整保存清領、日治及國民政府各時期的軍事史蹟。（資料來源／澎湖縣政府，《澎湖縣一級古蹟西嶼東臺之研究與修護計畫》，一九八四）

❶ 外堡門
❷ 外護牆
❸ 內壕溝
❹ 內護牆
❺ 兵房
❻ 彈藥庫
❼ 砲座
❽ 觀測臺

1. 西嶼東臺入口。（攝影／呂鴻瑋）

2. 西嶼東臺的 C 型通道。（攝影／呂鴻瑋）

3. C 型通道內部。（攝影／呂鴻瑋）

4. 砲位遺跡。（攝影／呂鴻瑋）

5. 西嶼東臺東南方有一座日俄戰爭時期增建的鐵殼觀測所，長年受海風侵蝕，已成碎鐵散落一地。（攝影／呂鴻瑋）

1

2

3

4

5

砲台無法預料的歷史軌跡

澎湖戰役結束之後，清法戰爭基本上也進入尾聲了。事情從越南開始，終究也是在越南結束。

就在法軍席捲澎湖那幾日，清軍與法軍在越南發生了「鎮南關之役」，清軍大破法軍，使得支持殖民擴張策略的法國內閣倒臺，力主「擔保品策略」的總理茹費禮引咎辭職。因應這一變化，清法雙方開始和談。一八八五年六月九日，兩國簽訂了「越南條約」。兩日後，孤拔在澎湖病逝，法軍因為澎湖的霍亂大流行，將近有一千人病故於此地。孤拔在這個時間點逝世，也因而被法國人視為受到政客操弄、壯志未酬的悲壯英雄。就大清國而言，這算是清末與列強交手的結果當中，最令人滿意的一次了。然而戰爭結束了，許多事情都還在繼續。指揮清法戰爭的劉銘傳，被清廷任命留在臺灣善後，並且主持臺灣建省、推行現代化事業的任務，因而在臺灣史上留下印記。但從另一方面來說，劉銘傳戰後卻開始極力鬥爭與他不同派系的將領。先他一步來到臺灣的劉璈，雖然頗受南臺灣民眾的愛戴，但卻被鬥到流放黑龍江。在淡水立下大功的孫開華，也因為劉銘傳要保薦自己的部下李彤恩，而遭到劉銘傳的大肆詆毀——為此，劉銘傳甚至不惜自相矛盾，做出與自己戰爭期間所上的奏摺相反的描述。一連串的鬥爭行動，搞到連清廷都受不了，而在詔書中指責他「督師不力、謗書盈篋」。[11] 直接被說「你一直在毀謗他人，打仗都沒這麼認真」，恐怕很難再更丟臉了。

海門天險，二沙灣砲台。（攝影／林運鴻）

二沙灣砲台北砲口直指基隆港。（攝影／鄭錦銘）

丟臉歸丟臉，劉銘傳的後臺畢竟是強而有力的李鴻章。因此，他能以戴罪立功的名義，繼續留在臺灣推動各項建設。時至今日，在幾個與清法戰爭最有關係的砲台之上，都留有他親筆所題的文字，儼然是代言了這整場戰爭。位於基隆的二沙灣砲台，上書「海門天險」；位於淡水的滬尾礮臺，上書「北門鎖鑰」；位於澎湖的西嶼西臺，也題了「西嶼西臺」四個大字。

　　這些砲台，都是因為清法戰爭而建，但通通都是在戰後才建設完成的。因此，它們雖然都在戰場附近，卻沒有一個砲台實際參與了戰鬥。這些砲台被設定為大清國海防的最前線，但它們的建設者、以及它們自己都無法預料，歷史將在短短的十年後走入另一個軌跡。就在清廷終於遲鈍地認知到，臺灣作為中國東南方重要門戶的戰略地位有

北門鎖鑰，滬尾礮臺。（攝影／林運鴻）

滬尾礮臺的兵房與彈藥庫。（攝影／柯曉東）

多重要之時，他們已經沒有多少時間，能繼續統治這座島嶼了。

　　一八九五年，中國與日本簽訂馬關條約，將臺灣、澎湖割讓給日本。這些砲台，再一次地，沒有發揮什麼決定性的作用，就通通成為了新興的大日本帝國的殖民地。

　　幸或不幸地，這之中許多砲台，也就因此失去了戰略上的意義。但也正因為如此，它們沒有像清法戰爭許多實際和法軍交火過的砲台一樣，落入被摧毀的命運，而能最大程度地保留它們完整的樣貌。當我們走進砲台內部，與其說我們是走進歷史現場，不如說我們是走進了「未曾發生的歷史現場」──它們被建造之初，所設定的那場戰爭從未發生。而這一切，更能讓我們感受到人類之有限；一切苦心擘劃的、錙銖算計的，最終抵不上命運的劇本。

　　但可以確定的是，從砲台上面看出去的海景是極美的。畢竟它們從一開始，就是為了守望水道而生的。

註

1. 德約翰著、陳政三譯註 (2015)。《泡茶走西仔反: 清法戰爭台灣外記》第2版，頁43-44。臺北：五南出版。

2. 臺灣銀行經濟研究室編 (1997)。《法軍侵台檔》，頁217。南投：國史館臺灣文獻館。

3. 同註1。頁45。

4. 同註2。頁217。

5. 劉銘傳 (1958)。〈敵攻滬尾血戰獲勝摺〉。《劉壯肅公奏議》，頁176。臺北：臺灣銀行經濟研究室。

6. 徐珂編撰，上海社會科學院歷史研究所整理 (1996)。《清稗類鈔》，頁328。海南新聞國際出版中心。

7. 林豪 (1963)。《澎湖廳志‧第三冊》，頁366。臺北：臺灣銀行經濟研究室。

8. 同註7。頁366。

9. 同註7。頁367。

10. 同註7。頁367。

11. 劉銘傳 (1958)。〈目疾未愈續假兩月摺〉。《劉壯肅公奏議》，頁110。臺北：臺灣銀行經濟研究室。

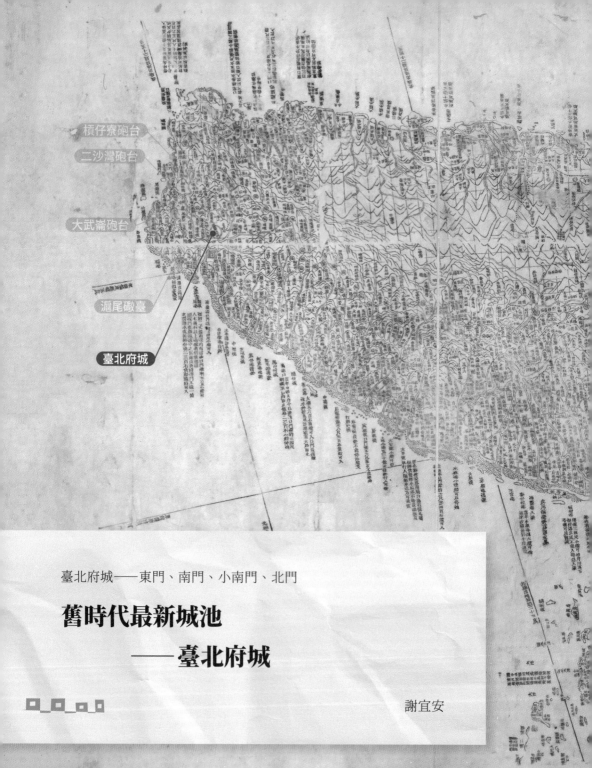

槓仔寮砲台

二沙灣砲台

大武崙砲台

滬尾礮臺

臺北府城

臺北府城──東門、南門、小南門、北門

舊時代最新城池
──臺北府城

謝宜安

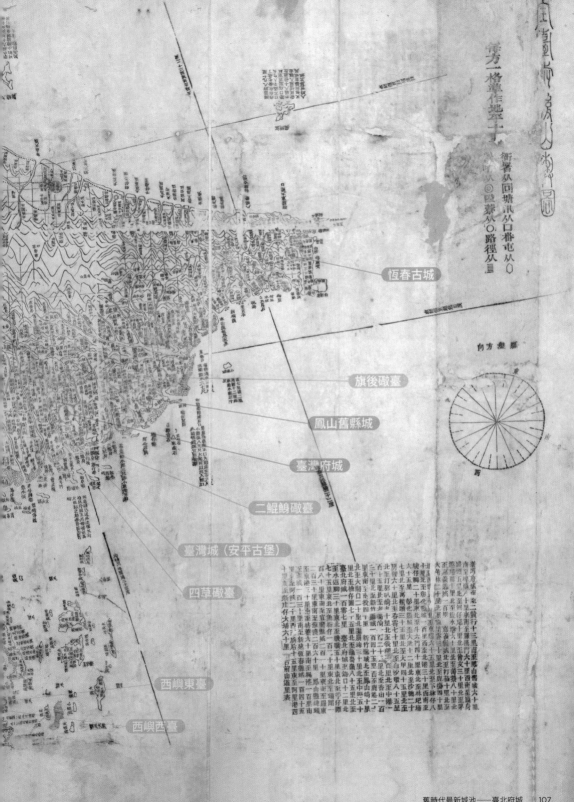

恆春古城

旗後礮臺

鳳山舊縣城

臺灣府城

二鯤鯓礮臺

臺灣城（安平古堡）

四草礮臺

西嶼東臺

西嶼西臺

臺北府城北門。（攝影／柯曉東）

臺北府城

始建年代：1882 年
指定年代：1998 年

東門：臺北市中正區，
中山南路、信義路口

小南門：臺北市中正區，
延平南路、愛國西路口

南門：臺北市中正區，
公園路、愛國西路口
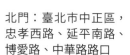

北門：臺北市中正區，
忠孝西路、延平南路、
博愛路、中華路路口

N

北門

西門

東門

小南門

南門

底圖／Google 地球

儘管我們已經習慣「臺北是首都」這件事，但以臺灣史來說，臺北是個很新的城市。一八七四年，牡丹社事件改變清朝治理臺灣的態度，關注的目光開始移向北臺灣，事件後兩年，臺北設府。

　　近四百年來，臺灣政經發展的軌跡大致上由南往北。臺北設府前，臺灣北端有淡水廳和噶瑪蘭廳，都由南臺灣的臺灣府管轄。但是淡水離府城二百三十八公里，徒步時速五公里，每天行走七小時，得走上七天才抵達府城，從噶瑪蘭出發則需十三天。[1]原本管理臺北一帶的同知，半年駐竹塹衙門，半年駐艋舺公所，兩地都幅員遼闊，管理不及，加上淡水還有開港後與洋商之間的問題。

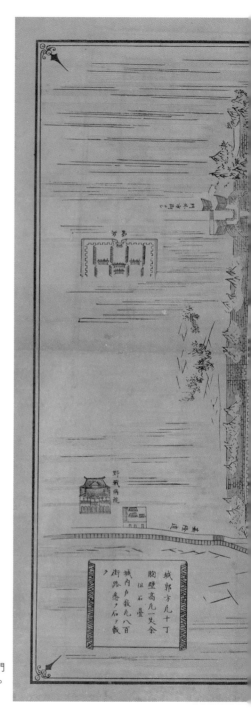

這幅日治初期的〈臺灣臺北城之圖〉清晰地標示了五座城門及城牆範圍，從中可以發現圖下方的北門城樓規模最大。（來源／國立臺灣歷史博物館）

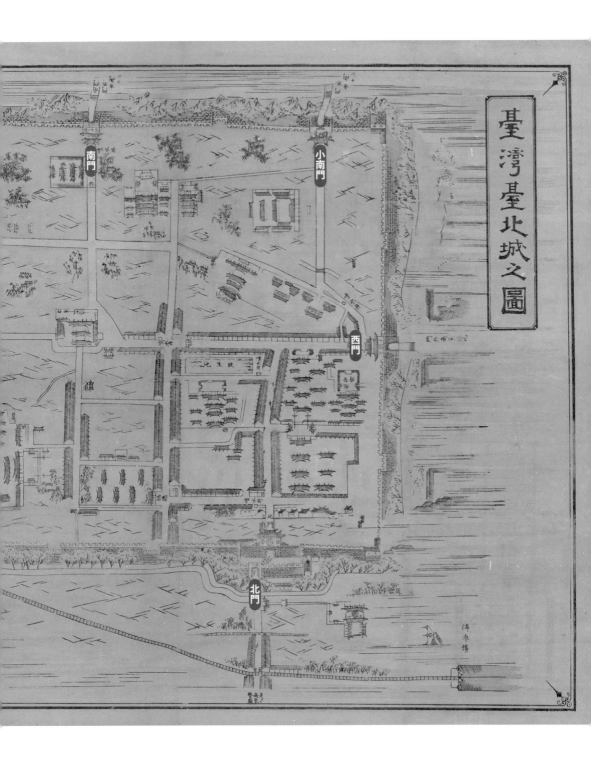

臺灣臺北城之圖

南門

小南門

西門

北門

北生城

沈葆楨意識到問題不小，便在一八七五年上書請求臺北設府：「臺北口岸四通，荒壤日闢，外防內治，政令難周，擬建府治，統轄一廳三縣，以便控馭，而固地方。」[2]

臺北府新設，並未同時建城，知府沒有地方辦公。第一位知府林達泉，身兼淡水、新竹兩縣知縣，順其自然在竹塹辦公，直到新竹與淡水分治，「臺北建城」這個問題終於浮上檯面。[3] 卽便有命令，臺北建城這項重大建設仍歷經多位官員，延宕數年，直到一八八二年才由臺灣道劉璈主持動工。[4] 劉璈熟悉風水堪輿，在城址基座已劃定的情況下，強行變更設計，將臺北府城向東旋轉成背靠臺北最高的七星山，儘管符合風水學，但這樣一來臺北就成了一座「城牆與街道無法平行垂直」的奇異城池。

臺北府城呈長方形，長四百一十二丈，寬四百三十丈，周長爲一五〇六丈。城壁高一丈五尺，厚一丈二尺。[5] 共有城門五座，東門景福門、南門麗正門、小南門重熙門、西門寶成門，北門承恩門。

北門外通往大稻埕，外緣有甕城，加強其防禦效果。城門上懸掛「巖疆鎖鑰」的匾額，這塊匾額一度被日本總督府當作官邸庭園涼亭礎石，今已被指定爲古物。北門是官員進入臺北的主要城門，官員無論從淡水或基隆上岸，都是從北門入城。因此北門外有一座「接官亭」，舉行迎接儀式後，官員乘坐大轎從北門進城，於是北門喚做「承恩門」。[6] 承恩、接官，這是清朝式的作風與思維。

北門，即承恩門。朱紅碉堡下的門洞彷彿是時代的甬道。（攝影／柯曉東）

　　和北門一樣，東門之外也有防禦型的甕城，面對東方松山一帶，當時是寬闊的荒野。南門通往景美、新店，為臺北城正門，和單簷歇山式的北門、東門不同，南門接近於傳統上最高級的重簷歇山式建築。[7]南門又稱大南門，與之相應的是小南門。

　　小南門本不在規劃之中，不過板橋林家的捐助促成了這座精緻的城門。一百五十年前，板橋來往臺北城需經西門，而西門外偏偏是泉州人群聚的艋舺。昔日漳泉關係素來緊張，有了小南門，出身漳州的板橋林家進城出城就可以避開泉州聚落，減少衝突。臺北府城城門中，小南門最小巧，或許因為受到巨賈資助，小南門也是五座城門中最精美的，樓閣式的城門造型流露出秀麗、親切的味道，題為「重熙門」，意指盛世興隆，光輝普照。

1

2

1. 小南門（重熙門）。（攝影／柯曉東）

2. 門外的市囂。（攝影／柯曉東）

3

3. 南門（麗正門）是臺北府城主門。（攝影／柯曉東）
4. 東門（景福門）。（攝影／柯曉東）

4

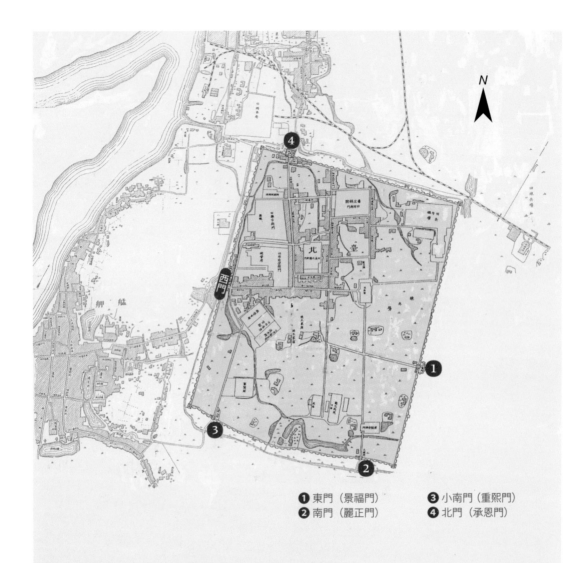

① 東門（景福門）　　　**③** 小南門（重熙門）
② 南門（麗正門）　　　**④** 北門（承恩門）

臺北及大稻埕·艋舺略圖

這張日治初期的地圖清楚呈現了臺北府城的形勢。光緒元（一八七五）年清政府設置臺北府，但直到光緒八（一八八二）年才動工興建臺北府城。這是一座南北向較長的長方形城池，有東、南、小南、西、北等五座城門。日治初期官方實施「市區改正」，拆除城牆與西門，並沿著城牆修築四條「三線路」，即今中山南路（東城牆）、愛國西路（南城牆）、中華路（西城牆）、忠孝西路（北城牆），其餘四座城門幸獲保留。（資料來源／中央研究院人社中心GIS專題中心(2020).[online] 臺灣百年歷史地圖 . Available at: http://gissrv4.sinica.edu.tw/gis/twhgis/ [2022.08.20].）

臺北府城指的不只是城牆，也包括城中的府衙、考棚、書院、文廟、城隍廟、天后宮和街道。這些建築體現整個文化體系賴以為生的知識、人才培育的管道以及凝聚民心的官方宗教手段等各種統治技術，曾經是一個俱足完整的世界。

　　城外有接官亭，城中則必然有考試的考棚，與培養儒生的書院，但這一套儒家式的思維大約僅維持了一代人的時間就遭到掃除了。打從臺北無血開城，日軍從北門進入臺北的那一刻起，再也沒有人擠破頭考科舉，新政權帶來一套新的教育制度，需要的不再是區分內外敵我的城牆與城門，而是一種現代的治理視線，而那恰恰是拆掉城牆才能完成，唯有拆了臺北城，才能成就新的臺北。[8]

　　一九〇〇年，日本實施臺北市區改正，那些舊時代基於風水考量的不連貫道路，全部打直、打通，成為棋盤式街道，彼此垂直、平行。再過五年，日本政府決心拆除城牆，讓臺北城內、艋舺、大稻埕這三個繁華之處連成一氣，形成一個沒有界線的新都市。

　　日本動手拆了西門，其餘的城門倒是倖存了下來，大聲疾呼留下城門的不是政治力量，而是理解歷史價值的總督府圖書館館長中山樵。儘管如此，如今我們見到的城門也不完全是本來面貌。經歷風雨歲月，城門日漸失修殘破，一九六〇年代，尚不滿百歲的城門陸續獲得整修，可惜改建後的東門、南門、小南門大失舊觀，反而接近中國北方傳統宮殿建築，[9] 僅北門留存原貌。

三線路，北線。日治前期，日本當局拆除臺北城牆，原址規劃爲環城的林蔭大道，東西南北
線三線道分別爲今中山南路、中華路、愛國西路、忠孝西路。現代化道路讓臺北市容繼建城
以來再度「變臉」。（來源／國立臺灣歷史博物館）

　　臺北府城年紀輕輕便走入歷史，離完工僅僅一代人之久，它是
十九世紀末臺灣最後的傳統城池，也是清帝國餘暉最後一次照耀。

　　從日治時期開始，臺北正式取代臺南成爲臺灣的政經中心，日本
人掃除基於聚落脈絡的不規則道路、過時的風水思維還有遮擋視線影
響城市外擴的城牆……，於是臺北有了一副全新的妝容，道路寬闊，
四通八達，建築人車一覽無遺。

　　反覆推倒，反覆重來，隨著年歲遞嬗，臺北長成了我們現在熟悉
的模樣。

註

1. 沈葆楨（1959）。《福建臺灣奏摺》，頁57。臺北：臺灣銀行經濟研究室。

2. 同註1。頁55。

3. 蘇碩斌（2005）。《看不見與看得見的臺北——清末至日治時期臺北空間與權力模式的轉變》，頁72-73。臺北：左岸文化。

4. 臺北市文獻委員會編（1988）。《臺北市志卷八，文化志勝蹟篇》，頁40。臺北：臺北市文獻委員會。

5. 同註4。

6. 詹素貞（2014）。《城事古今——臺北建城130週年特展》，頁26。臺北：臺北市政府文獻委員會。

7. 同註4。頁42。

8. 同註3。

9. 戴震宇（2001）。《臺灣的城門與砲臺》，頁64。臺北：遠足文化。

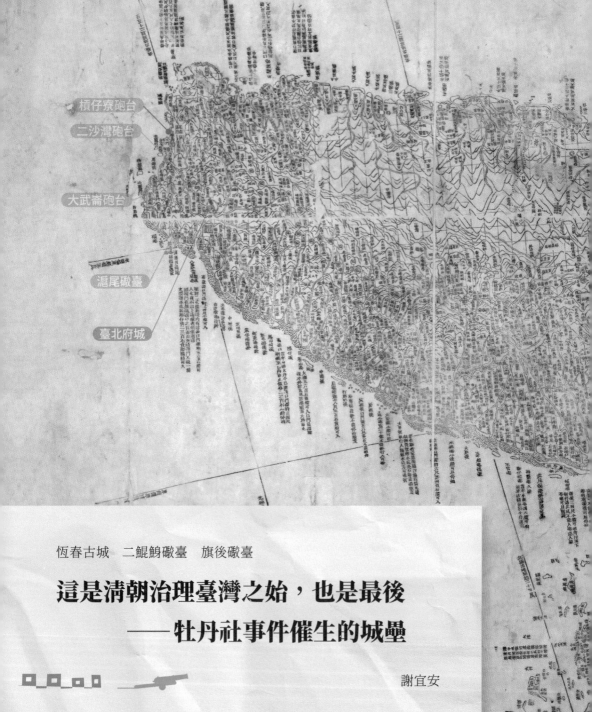

槓仔寮砲台

二沙灣砲台

大武崙砲台

滬尾礮臺

臺北府城

恆春古城　二鯤鯓礮臺　旗後礮臺

這是清朝治理臺灣之始，也是最後
——牡丹社事件催生的城壘

謝宜安

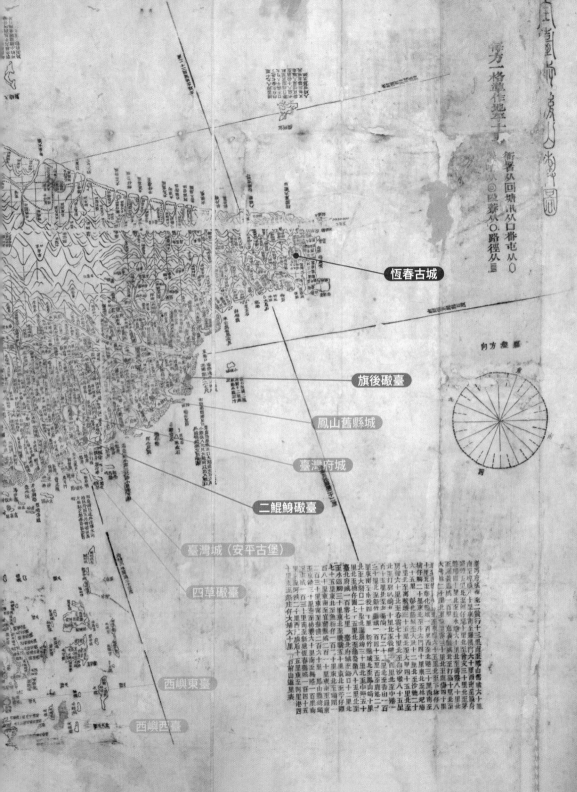

恆春古城

旗後礮臺

鳳山舊縣城

臺灣府城

二鯤鯓礮臺

臺灣城（安平古堡）

四草礮臺

西嶼東臺

西嶼西臺

恆春古城南門

恆春古城

始建年代：1875 年

指定年代：1985 年

所在地

南門：
屏東縣恆春鎮

西門：
屏東縣恆春鎮

北門：
屏東縣恆春鎮

東門：
屏東縣恆春鎮

N

虎頭山 △

三台山 △

西屏山 △

北門
西門
東門
南門

龍鑾山 △

底圖／Google 地球

123

二鯤鯓礮臺／億載金城。（攝影／楊仁江，提供／文化部文化資產局）

二鯤鯓礮臺

始建年代：1874 年

指定年代：1983 年

所在地：臺南市安平區光州路三號

N

臺灣府城

二鯤鯓礮臺

底圖／Google 地球

旗後礮臺。（攝影／林靜怡）

旗後礮臺

始建年代：1875 年

指定年代：2019 年

所在地：高雄市旗津區旗後山上

N

旗後礮臺

底圖／ Google 地球

可能是在很小的時候，連「千」「萬」都才剛學會、只約略理解它們意思時，就去了億載金城。「億」到底是多少千多少萬？當時花了點時間釐清，「億」不是十個萬，也不是一百個萬或一千個萬，而是一萬個萬。那是多大的數字？「億載金城」這四個字到底是什麼意思？面對那個對小孩子來說過於壯闊的城門，不免有個模糊的感覺──「億」一定是個很壯觀、很偉大的數字，就跟眼前的建築物一樣。

下次再去，已是二十多年後，這時已經知道億載金城是座砲台了。它不再如記憶中那般熱鬧，多數時候，我們是唯一一組旅人，之前有一組，之後來了另一組，大人帶著小孩。

題著億載金城的城門，也不如記憶裡那般雄偉。城門原來這麼窄嗎？不是億載金城變小了，而是當年的小孩長大了──不只大到不會被城門吞掉，還大到知道億載金城之後的歷史。

億載金城正式的名稱是二鯤鯓礮臺，城門正面題了「億載金城」，所以大家都這麼叫。城門背面還題了「萬流砥柱」，與億載金城四字一樣，都是沈葆楨的字，落款時間為光緒元年。「億載」，一個比「千秋萬世」更狂放的野心，一八七五年沈葆楨寫下這四字，必然心懷宏願吧，那時礮臺尚未完成，工程延宕，隔年八月才竣工。

龐大的期許，打從一開始就受挫，不只如此，背負著千秋萬世永

恆期許的砲台，僅僅二十年就換了主人。甲午戰後，臺灣割讓給日本，億載金城也落入日本之手，那是世事流轉快速的世紀末，清朝在下一個二十年滅亡。

經歷戰火洗禮，傾頹，重建，一百五十年後，億載金城仍在。我們不知道真正的億載之後，金城是否猶存──生命不滿百的我們當然沒有機會一見，寫下億載的沈葆楨也早已離世，但我們知道沈葆楨沒看到的。

從八瑤灣到牡丹社

我們的歷史課本將牡丹社事件描述為一場清朝與日本的衝突，實際上故事主角並不只有這兩個政權，涉入其中的還有一群清朝從來就沒能夠成功控制的人群──位於瑯𤩝（恆春）一帶的排灣族原住民。和實際居住在此地的原住民相比，清朝簡直是局外人。牡丹社事件包含外交與戰爭兩個層面，清、日之間的衝突全屬外交，沒有實際的戰爭，但踏上屏東的日本軍隊確實浴血奮戰，對象是當地的原住民族。

事有終始，牡丹社事件的起點在「八瑤灣」。[1]一八七一年十一月，一艘琉球宮古島人乘坐的船，從那霸返回宮古島途中遇到颱風，漂流到臺灣的八瑤灣。六十六名船員上岸，他們遇到兩名漢人勸他們往南

走，否則會「被大耳人殺害」。但宮古島人決定往西行，後來遇到高士佛社人。高士佛社人一開始很驚訝，這群陌生人來路不明，人數又多，自然有了幾分戒心。但高士佛社人判斷宮古島人需要幫助後，請他們喝水並住了一晚。

事情至此都很順利，假使繼續下去，宮古島人或許可以保住一條命。但隔天宮古島人看見高士佛社的男人拿出刀與弓箭，不禁感到害怕，於是趁他們外出時偷偷逃走——這引來了不可挽回的後果。在排灣族的文化中，喝了水卻不告而別是一種無禮的行為，但宮古島人不知道。正如宮古島人也不知道，磨刀霍霍出發的高士佛社男人，其實是為了招待他們而出外打獵。誤會導致悲劇，獵人回來，發現客人逃走，立刻追上，在一團混亂中殺害了其中五十四人，十二名倖存者則在漢人的協助下，半年後回到琉球。這起五十四人死亡的慘劇，便是「八瑤灣事件」。

遭難的宮古島人回到琉球，事情傳回東京，長期控制琉球的薩摩藩不打算息事寧人。這時薩摩已經改制為鹿兒島縣，縣參事大山綱良甚至打算向中央借用（先前由薩摩藩歸還的）軍艦，自行出兵臺灣懲罰原住民。此時已不是幕府時代，這種地方私自出兵的行為，轉型成現代國家的日本政府當然不允許。[2]

同一年，關鍵人物李仙得來到日本，提供了日本出兵臺灣所需的關鍵資訊。李仙得是美國外交官，一八六七年因處理「羅妹號（Rover，又

譯羅發號）事件」而瞭解臺灣的眞實情況。他知道日本出兵臺灣顧慮之一是清朝，因此必須找到正當理由，假使清朝主張瑯璚爲領土，那日本出兵臺灣便是攻打另一個國家，要是清朝不把瑯璚視爲領土，日本便有了「出兵無主之地」的藉口──而李仙得恰恰帶給日本一個好「說法」。

八瑤灣（今九棚灣）。一八七一年十一月六日，不幸遭遇風災的琉球宮古島人在此勉強登陸，他們的命運從此改變，臺灣的命運也從此轉了個大彎。

一八六七年，美籍商船羅妹號被吹到瑯瑀，船員上岸後被原住民殺害。李仙得來臺善後，以「南岬之盟」約定若再有洋人漂流到此不可加以殺害。與李仙得簽約的不是清朝官方代表，而是瑯瑀十八社的首領卓杞篤，此舉證明原住民族才是瑯瑀的實質主人。事後，李仙得建議清朝官員加強對瑯瑀地區的控制，以保證漂流遇難者的安全，但清朝表現得十分消極。李仙得由此得出一個論點：臺灣南部「番地」必須要有一個文明國家來控制，若清朝無意治理，那麼最適合的國家就是日本。[3] 李仙得將這個想法告訴日本外務卿副島種臣，後者與副使柳原前光出使清朝，就八瑤灣事件一事詢問清朝官員對臺灣「番地」的看法。果然，官員聲稱生番「置之化外」，他們不會懲罰原住民族人，原因是「其爲我政教不逮之處」。柳原前光因此接話，「則我獨立國盡可自行處置」，預告了日後出兵之舉。[4]

從頭到尾，清朝都像是一隻反應慢得不得了的恐龍，帝國末梢神經極爲不發達，臺灣部署尤其薄弱，瑯瑀更是如日本人所預料，根本不在清朝控制之內——等到清朝反應過來，已是一個月後。一八七四年四月日軍出兵，五月初抵達臺灣。有句話叫做「我也是看新聞才知道」，清朝則連新聞都沒看，直到英國公使威妥瑪（Sir Thomas Wade）四月十八日函告，清朝才知道日本出兵，[5] 知道得晚也就算了，若反應快，還有機會出兵攔截，畢竟此時日本人尚未登岸。然而總理衙門當下的回應卻是：前一年的副島使節團沒有提及這件事，不知道爲什麼貿然出兵，至今也沒獲得照會……，一副「日本沒告訴我」的模樣。

〈臺灣島與澎湖群島圖〉（Formosa Island and the Pescadores）局部，李仙得（Charles W. Le Gendre）繪製。這張地圖可說為日本出兵臺灣提供了「珍貴的」情報。李仙得曾參與美國南北戰爭，後擔任外交官，曾任美國駐廈門領事。羅妹號事件後來臺與卓杞篤交涉簽訂「南岬之盟」，又於八瑤灣（牡丹社）事件後擔任日本外務省顧問，協助日軍出兵臺灣。（來源／美國國會圖書館，Liberary of Congress, Geography and Map Division）

八瑤灣

龜山頂俯瞰射寮港（今車城灣）。射寮港位於屏東縣車城鄉保力溪出海口，附近僅此地為天然海灣，
位置優越，自古就是與澎湖、泉州及臺灣府互通有無的要津，李仙得從射寮港上岸，樺山資紀多次到
達此地探查，一八七四年五月日軍由此登陸，他們將大本營設在沙灘上，後來才移到一旁的龜山。

　　等到總理衙門反應過來並上奏，已是五月中了，大約早在一個禮
拜前，日軍就從射寮港上岸了，沒有防守、沒有戰鬥，輕輕鬆鬆登陸，
與漢人、平埔族等當地人接觸，唯一的衝突是與村民之間的工資糾紛，
唯一的傷亡是因白天氣溫太高導致多名士兵昏倒，還發生了一段小插
曲：日本人熱愛泡澡，來到南臺灣也情不自禁泡了起來，然而他們公
開裸露身體，讓當地婦女不太開心。整體來說，牡丹社事件的開頭非
常平和，這批抵達南臺灣的大和男兒為了搭建居住的木屋，到午夜仍
繼續工作，一邊愉快地唱著歌。[6]

日軍登岸，清朝也自知「並無阻問之人」[7]，但在那之前，難道清朝沒有機會知道嗎？一八七三年夏天與一八七四年三月，樺山資紀與水野遵都曾經訪臺調查（這兩位後來成為了臺灣第一任總督與第一任民政長官）。臺灣的清廷官員也知道，三月間有一夥水師軍官抵達瑯瑀、柴城一帶，查看牡丹社情勢並繪製地圖。[8] 這些跡象沒有引起清朝的注意，直到接獲日本出兵消息，清朝才恍然大悟，緊急任命沈葆楨為欽差大臣，給予權限號令福建所有軍事（鎮）、行政（道）單位，甚至還可以調用江蘇、廣東沿海的輪船。[9] 這時是五月三十一日，英勇的原住民已經和日軍在石門打過一仗了。

沈葆楨面臨巨大困境，一方面希望日軍退兵，但手上缺乏可以令日本退兵的籌碼。另一方面他認為臺灣必須加強防禦：「設防之事，萬不容緩。臺地綿亘千餘里，故屬防不勝防，要以郡城為根本。城去海十里而近，洋船砲力，及之有餘。海口安平，沙水交錯，望之坦然。」[10] 臺灣海岸線綿長，沈葆楨主張固守府城周邊，但府城海岸一帶的沙洲非常平坦，又缺乏據點防守。臺灣府雖有荷蘭人所建的熱蘭遮城，但早就傾頹。沈葆楨希望再建一座砲台——也就是「億載金城」二鯤鯓礮臺，又稱安平大礮臺——營造「海口不得停泊兵船，而後郡城可守」[11] 的形勢。

二鯤鯓礮臺是清朝對日本出兵的回應，但日軍明明從射寮（今屏東縣車城）登陸，大本營設在南方不遠處的龜山，離府城有一段距離，為什麼砲台設在安平？以我們現在熟悉的地理來說，那就是「屏東在

打仗，爲什麼防守據點設在臺南市？」原來沈葆楨在加強防守時是以整體臺灣爲考量，其中又以臺南府城週遭爲先，因此決定將砲台設在安平。由此看得出來，儘管清朝聲稱瑯璚是領土，但日軍在該處上岸紮營、與原住民族衝突之際，清朝並未眞正感覺到自己的領土受到侵犯。清朝眞正擔心的，是日軍接下來恐將攻打府城，在這個意義上，清朝與日本之間的戰爭從未眞正爆發。

然而，國境的邊緣是另一群人的家園，在那裡，有一個清朝無力插手也從未涉足的戰場。

日軍眞正的對手

雖說清朝兵力不足，但也有幾艘砲艦，卻還是畏首畏尾，不敢正面迎敵，反而是一艘砲艦都沒有的原住民族勇猛對抗日軍。和「領土尚未眞正受到侵犯」的清朝相比，這些來意不善的魯莽訪客已來到家門口，原住民族人保衛家園當然刻不容緩。

「牡丹社事件」以牡丹社爲名，但最初在八瑤灣事件中殺害宮古島人的，其實是高士佛社。後續對日的作戰中，則由驍勇善戰、人數衆多的牡丹社，與高士佛社、竹社、女仍社（爾乃社）等部落一同抗敵。日軍並非一定要跟牡丹社開戰，只要牡丹社交出殺害宮古島人的兇手，他們是可以接受的，但牡丹社人主動展開了攻擊。[12] 一開始，牡丹社

人趁日軍小隊巡邏時，突襲了一名落單的班長。接著，日軍派出一支部隊前往調查，這支偵查隊深入山區，又遭到五十多名原住民族人突襲。衝突規模越來越大，終於爆發「石門之役」，日軍深入山區行經狹窄的石門溪谷時遭遇了伏擊。

那是一場壯闊的戰鬥。日軍有一百多人，為數不少，但溪谷十分狹窄，只有不到三十名士兵能穿過石門、抵達戰場。石門兩側有高聳

石門天險。石門由石門山（蟳母山）和五重溪山尾稜斷崖夾峙而成，日軍在此遭遇襲擊。（引自／《臺灣寫真帖》，來源／中央研究院臺灣史研究所）

的山壁，易守難攻，谷中是四重溪，士兵必須在水深及腰的湍流中前進。牡丹社人熟悉地形，躲藏在高處石頭樹木之後，趁著士兵涉水時開槍射擊。牡丹社並沒有兵力優勢，僅有七十人左右，但居高臨下，仗著地形優勢全面壓制日軍。

日軍只能在水中引誘牡丹社人射擊，在槍火交鋒中緩慢推進，膠著的戰況持續了一個多小時。這樣下去當然不行，領兵的佐久間左馬太（後來擔任第五任臺灣總督）下令撤兵，急於立功的日軍卻未聽從，這是抗命，按理應當嚴懲，但面對戰意堅強的士兵，佐久間左馬太也沒辦法，隨後靈機一動，派遣另一支陸戰隊登山進攻。陸戰隊員要登上的是光滑陡峭的山壁，幾乎沒有施力點，然而他們成功爬了上去。一山還有一山高，陸戰隊爬到更高處，由上往下對牡丹社勇士開槍，在低處涉水的日軍同時開火，來不及反應的牡丹社人無處可逃，只能暴露於日軍的槍火之下，局勢瞬間逆轉。

日軍突然反擊重挫牡丹社人的士氣，十六人當場死亡，還有十四人受重傷，他們只能留下屍體逃走。面對原住民族人的屍體，來自薩摩藩的日本士兵發揮了悠久的武士傳統，將人頭割下論功，其中之一被指認為牡丹社頭目阿祿古之子，頭目阿祿古則身受重傷，後來牡丹社的十四名傷者都未能存活。這場戰役使牡丹社失去三十名戰士，是一段傷痛的記憶。如今的石門戰場附近，為阿祿古父子設立雕像，紀念他們於此浴血奮戰的身影。

清朝視原住民族爲「缺乏教化」的族群，但正是這批被瞧不起的人讓日軍嚐到苦頭。清軍小心翼翼避免一戰的新式日軍，實實在在地面對了「野蠻」的原住民族而感到棘手，爲此展開帶有報復性質的大規模征討行動。[13]

　　石門之役後，日軍兵分三路攻打牡丹社與高士佛社。此前的衝突規模都不算大，就連石門之役也「只是」百人等級的戰役，這一回日軍出動一千多人，雖然受到伏擊，但只造成少數傷亡，而原住民族人沒有足夠的兵力與之正面交鋒，只能在些微抵抗後遁入深山。日軍占據並焚毀部落，原住民族人費盡千辛萬苦建立的家園就這麼被外來者的火焰吞噬。日軍撤退後，高士佛社人一度回到已成廢墟的家園，在接下來的雨季與颱風季，失去庇護的族人睡在樹下、淋著雨水，不得已再度遷村。往後，高士佛社人稱呼那個地方爲「Linivuan」，意思是「逃離之地」。[14]

一切都變了 —— 東亞新秩序

　　清朝與日本之間的外交戰場尚未結束，直到一八七四年十月底簽下《清日臺灣事件專約》（又稱《北京專約》）：

　　一、日本國此次所辦，原爲保民義舉起見，中國不指以爲不是。

二、前次所有遇害難民之家，中國定給撫卹銀兩，日本所有在該
　　處修道、建房等件，中國願留自用，先行議定籌補銀兩，另
　　有議辦之據。

三、所有此事兩國一切來往公文，彼此撤回註銷，永為罷論。至
　　於該處生番，中國自宜設法妥為約束，不能再受兇害。[15]

　　日本達到目的：確認出兵臺灣一事是「保民義舉」。這幾個字才
是日本出兵牡丹社最想換得的外交勝利，從這一刻起，琉球屬於日本。

　　牡丹社事件徹底改變清朝、日本、琉球，以及臺灣。對日本來說，
這是大政奉還後明治政府首次海外出兵，達到預期成果，儘管清朝的
賠款不足以支應日本出兵的實際支出，還因水土不服折損了六百多條
生命，但日本向全世界證明，面對舊亞洲盟主清朝，日本已居於上風。

　　更重要的是，日本透過這場軍事行動，成功解決了琉球的主權歸
屬，在牡丹社事件前琉球一直都是「兩屬」，既受日本薩摩藩實質控
制，但也在薩摩藩同意下每兩年前往中國朝貢一次。只要朝貢關係仍
在，琉球就是一個與中國有從屬關係的國家，企圖併吞琉球的日本並
不樂見此事，既然唯一可以對琉球地位插手的是擁有朝貢關係的清朝，
那麼只要讓清朝承認琉球的主權歸於日本即可，這是牡丹社事件背後
日本真正的企圖，在提到琉球人時，日本往往故意視之為本國人民，
條約中的「保民義舉」即由此而來。牡丹社事件後五年，琉球國王尚

泰被迫遷往東京，琉球變成日本國土沖繩縣，[16] 琉球國從此消失於世。

至於清朝，牡丹社事件開啓了「海防與塞防之爭」。從前中國主要的敵人都在北方，從牡丹社事件開始，清朝意識到東南海上也有敵人，帝國邊緣的蕞爾小島臺灣居然成了前線，成了「七省門戶」。

臺灣因此不得不變，牡丹社事件令清朝意識到「番地」不可不理，沈葆楨啓動「開山撫番」，開放海禁，在瑯𤩝地區設「恆春縣」並且建城，愈來愈重要的北臺重鎮也設「臺北府」，還興建二鯤鯓礮臺與旗後礮臺等多處西式砲台以加強海防。臺灣從一座需要鎮壓民亂的島嶼，變成一塊必須開發治理的領土，看起來是好事，但原住民族的「被犧牲」從此加劇。

從化外到化內：恆春縣城

牡丹社事件發生前一百五十年，瑯𤩝一帶都是漢人禁地。朱一貴事件後，清朝豎石爲界，瑯𤩝這塊屬於原住民的領域，漢人不能進入開墾，完全是清朝治力所不及的「化外之地」。黃叔璥於一七二三至一七二四年擔任巡臺御史，他在《臺海使槎錄》如此描述瑯𤩝：「瑯𤩝諸社隙地，民向多種植田畝；今有司禁止，悉為荒田。」[17]

因此，當沈葆楨決定要在瑯𤩝設恆春縣城時，是在一個對漢人

來說全然陌生領土中央蓋一座城池。一百五十年前的瑯璚禁令，對照一百五十年後的恆春設縣，兩件事情弔詭到不知何者才是意外，但卻是歷史的必然——正因為化外之地，所以引發窺伺，牡丹社事件揭示了這點。沈葆楨還發現，這種垂涎可見的未來也不會停止，因此治理臺灣以絕窺伺的時候到了：「夫以臺地向稱饒沃，久為他族所垂涎；今雖外患暫平，旁人仍眈眈相視；未雨綢繆之計，正在斯時。」[18]

　　牡丹社事件後，仍有一艘日本輪船、一艘西洋輪船先後登岸，沈葆楨因此「思急於瑯璚建城置吏，以為永久之計」[19]，「築城設官，以鎮民番而消窺伺。」[20] 經夏獻綸、劉璈實地勘查，以「車城南十五里之猴洞」為縣治，原因是瑯璚一帶背山面海，又有一座山橫隔在西海岸，背山的猴洞山處，正適合築城，縣名定為「恆春」[21]。根據《恆春縣志》，恆春縣城的風水大有講究，如頁 123 圖示，三台山為縣城之玄武，龍鑾山居左，為縣城青龍，虎頭山居右直對北門，為縣城白虎，西屏山為縣城朱雀，[22] 縣城以三台山為主山，東西南北都有神山護衛。

　　恆春原本缺乏漢人開墾，也沒有建城所需要的杉木、陶瓦等建材，因此建材與匠工都從大陸內地運來。臺灣的城池多由地方仕紳捐款建成，但具備軍事功能的恆春城不一樣，是少數由官方出資興建的城池（另一例為澎湖廳城），[23] 一八七五年十一月動工，一八七九年九月竣工，耗資十六萬七千三百九十兩，[24] 儘管造價不低，[25] 清朝仍願興建，可見恆春縣城的特殊性與重要性。

恆春古城南門。（攝影／趙守彥，提供／文化部文化資產局）

　　恆春縣城周長八百八十丈，城基厚二丈，外牆高一丈四尺五寸，內牆高一丈三尺四寸，牆寬一丈六尺，磚石構造，城門結合砲台，講究防禦功能，東門、南門有四個砲口，西門、北門則各兩個砲口。這清楚表明了恆春城的性質：這是一座矗立在危險之中、四面環敵的城壘。城牆之外的「進郡大道」是府城、鳳山縣城往來恆春城的漫長道路，途經多處原住民族勢力範圍，東門外的道路則是通往東臺灣的琅嶠卑南道。

一百五十年後的今日，恆春縣城保存得堪稱完整，是恆春鎮民穿梭往來的日常風景。過去疊合此時，歷史融入當下，最具代表性的畫面應該是二〇〇八年電影《海角七號》裡女主角乘坐的小巴士要進西門，司機卻擔心城門太低卡住車子，二〇一六年這樣的事還真實發生過，外地貨車經過西門時卡住城門，動彈不得，還出動警察救援。**26**

西門

右頁圖：〈臺灣堡圖・大正版〉局部。一八七四年日本出兵臺灣，沈葆楨緊急建議清政府設置「恆春縣」，並興建城池。恆春縣城開了四座城門，南門稱為「明都門」，其餘稱「東」、「西」、「北」門。恆春古城是清領時期興建的城池中保存最完整的，城門與部分城牆仍留在原地。（資料來源／中央研究院人社中心 GIS 專題中心 (2020). [online] 臺灣百年歷史地圖 . Available at: http://gissrv4.sinica.edu.tw/gis/twhgis/ [2023/01/05].

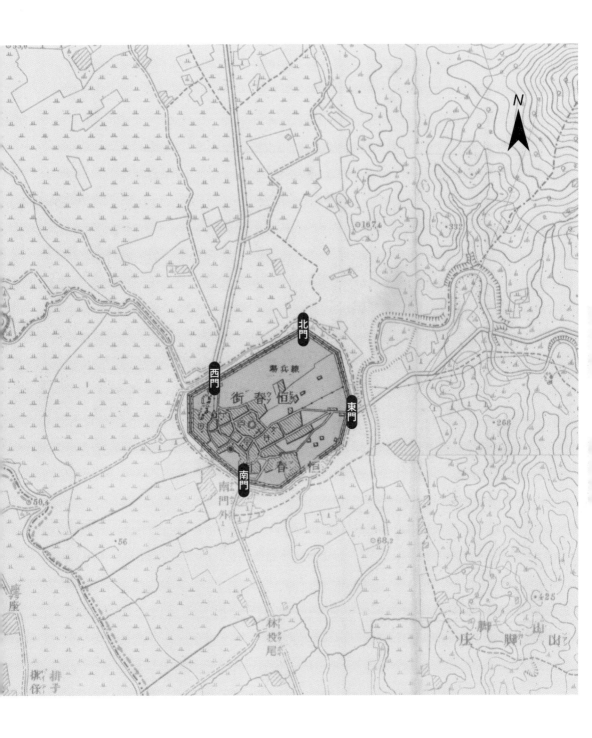

1

2

1. 東門

2. 孤棚，東門牆外。

3. 北門

4. 北門城牆

5. 整座恆春城牆設了雉堞（城牆上用來掩護守城者的短牆）1,384垛。

3

4

5

一波三折的二鯤鯓礮臺

除了增設恆春縣宣告治權及於恆春半島，清朝對日本出兵臺灣此一撼動「天朝」之舉的回應還有興建砲台，這恰恰眞實反映帝國處於新舊時代交遞之際的掙扎與努力。

二鯤鯓礮臺是這一波砲台興建潮中最重要的一座，一八七四年九月動工，不只是臺灣第一座西式砲台，規模最龐大，也是清朝東南海防的先聲。

二鯤鯓礮臺原本預計六個月完工，動工後三個月日軍撤兵，這使得砲台在這場戰役中完全沒派上用場，但仍必須繼續興建，因爲它的任務是長久防禦臺南府城，自然不會因爲日本撤兵而停止。

二鯤鯓礮臺興建過程中遭遇諸多險阻，首先是建材不易取得，沈葆楨說要蓋三合土砲台，但二鯤鯓礮臺所在地是一片沙洲，三合土必須遠從十里外搬運過來，磚石又來自更遙遠的廈門、泉州，加上同時府城也在修葺風暴中倒塌的牆垣，建材彼此排擠，延宕工期。[27] 在建材不足的情況下，甚至從傾頹的熱蘭遮城拆下磚石來充數，[28] 原本荷蘭人建來抵禦漢人的堡壘，被清朝借屍還魂、立場對調，同樣的磚石這回卻要在外國人的洋砲下保護漢人。

修築砲台本就不易，還遇上貪污事件。二鯤鯓礮臺由知府凌定國

督造，他經手這件預算近十三萬兩的工程，從中中飽私囊近十分之一，不只浮報工人數量、重覆申報洋將轎夫的費用，連給予工人的薪資也短少，揩油揩水無所不用其極，直到東窗事發才被革職。[29]

　　一八七六年二鯤鯓礮臺完工，完工後仍有部分缺點，例如缺乏遮蔽等⋯⋯。到了清法戰爭，臺灣道劉璈在周圍加強遮蔽物，並在中央操練場挖水池，好讓射擊後溫度升高的大砲有水可冷卻。但這些務實

俯瞰二鯤鯓礮臺。（攝影／康鍩錫）

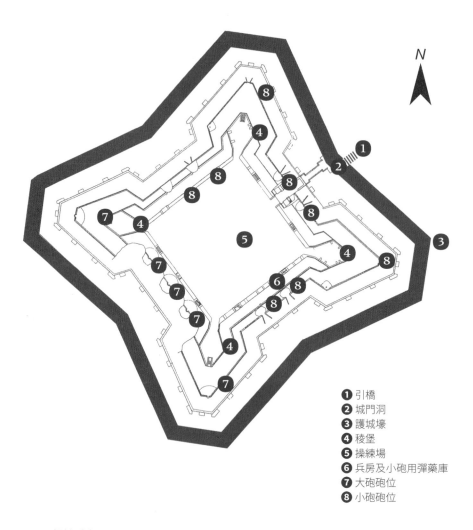

N

1	引橋
2	城門洞
3	護城壕
4	稜堡
5	操練場
6	兵房及小砲用彈藥庫
7	大砲砲位
8	小砲砲位

二鯤鯓礮臺平面圖

二鯤鯓礮臺，舊稱安平大礮臺，因為不遠處有安平小礮臺；入口城門上方有沈葆楨題額「億載金城」，所以俗稱億載金城。同治十三（一八七四）年發生牡丹社事件，欽差大臣沈葆楨奉命來臺辦理海防，延請法國人於安平設計建造二鯤鯓礮臺，以防守海口阻遏日軍。二鯤鯓礮臺是臺灣軍事設施史上第一座洋式礮臺，從空中俯瞰，明顯看見四角凸出而中央凹入，是臺灣唯一一座方形稜堡式礮臺。一九八一年，臺南市政府開發安平新市區，開路建橋，交通愈來愈便捷，深具歷史價值與地位的億載金城於是成為著名的觀光勝地。（資料來源／國立臺灣大學土木工程學研究所都市計畫室，《澎湖縣西臺古堡修護保存計畫》，一九九六）

二鯤鯓礮臺外門，可以看見沈葆楨所題的「億載金城」。（攝影／林靜怡）

進了城門，回頭再看，「萬流砥柱」同樣出自沈葆楨之筆。（攝影／林靜怡）

大砲（仿製品）立在城牆頂，防衛的姿態透露出百餘年前臺灣艱難的處境。（攝影／林靜怡）

一九九六年發現的兵房及小砲用彈藥遺跡，為了避免風吹雨打，特地加以保護。（攝影／林靜怡）

的改良卻被劉銘傳彈劾爲瀆職，原因是劉璈任內只增補既有砲台，沒有建設新砲台。[30] 劉銘傳所屬的淮軍和劉璈所屬的湘軍是敵對派系，劉銘傳上奏，劉璈被害得流放黑龍江，沒幾年就去世了，他爲臺灣所做的努力並未得到應有的回報。

　　透過劉璈的經歷，也可看出清朝官員對於持續加固二鯤鯓礮臺有著強烈的執著。但這座砲台似乎乘載了太多期待，不禁讓人懷疑清朝當局是不是想著「只要的砲台蓋好了臺灣就不會被攻破」？

日治時期的二鯤鯓礮臺四周繞著一圈塹壕，引入海水形成護城河，從前進出只能經由東面門洞可升降的木橋，一九三〇年代木橋改建爲鋼筋混凝土橋。（來源／國立臺灣歷史博物館）

邁向刺蝟島的起點

一八七四年，日本首度出兵臺灣，李鴻章派出麾下淮軍六千五百名來臺支援，這批精銳部隊學習西洋槍砲多年，不過他們沒有與日軍正面衝突，而是做了另一件事：蓋砲台。

旗後礮臺由淮軍統領唐定奎、副將王福祿主持，聘請英國工程師設計。一八七五年夏天旗後礮臺建造完成，卻缺少最重要的大砲，

湯姆生爬上旗後山，逼臨北崖拍攝打狗港與哨船頭。（引自／Wellcome Collection. Public Domain Mark. https://wellcomecollection.org/works/hkavbmy4/images?id=kem2esk4）

一八七七年丁日昌巡臺，發現哨船頭砲臺並無一砲，旗後礮臺只有舊砲四尊，急忙命人籌買火砲。[31] 劉銘傳任內，於大坪山再建一座砲臺。一八九四年的《鳳山縣采訪冊》記錄了「鳳山」的大坪頂、哨船頭、旗後三座砲台，[32] 高、中、低各種高度都有，大坪頂礮臺最高，旗後次之，哨船頭最低。旗後砲臺門上題「威震天南」，哨船頭則題爲「雄鎮北門」。

　　這幾座砲台於牡丹社事件後興建，同屬這一波日本人敲醒的海防意識餘波。和二鯤鯓礮臺一樣，旗後礮臺也在一八七六年完工，而日軍早在兩年前即已撤退，但命運像是輪迴一般地再度找上門來。

日治時期的旗後礮臺，門楣遭到砲擊的情景清晰可見。（來源／國立臺灣歷史博物館）

N

大坪頂砲台

哨船頭砲台

旗後礮臺

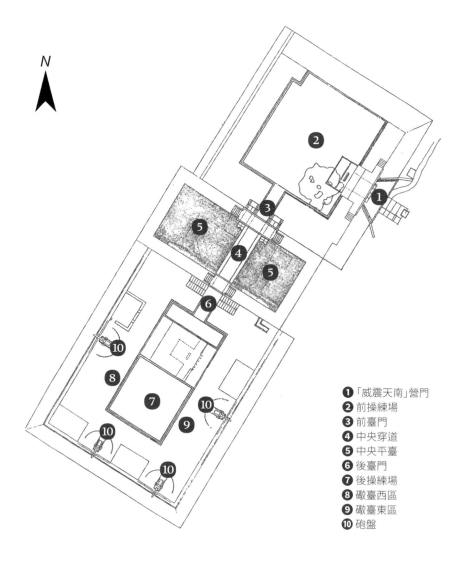

N

① 「威震天南」營門
② 前操練場
③ 前臺門
④ 中央穿道
⑤ 中央平臺
⑥ 後臺門
⑦ 後操練場
⑧ 礮臺西區
⑨ 礮臺東區
⑩ 砲盤

旗後礮臺平面圖

旗後是控制打狗港（今高雄港）進出的門戶，自古就是軍事要地，早在康熙五十八（一七一九）年就設置礮臺。牡丹社事件後，清廷陸續增強臺灣海防，於打狗興建三處礮臺，旗後礮臺爲其中之一。旗後礮臺爲臺灣第一批洋式礮臺之一，礮座區、兵房、彈藥庫、前後操練場等格局保存完整，見證清領末期的戰防思考，在臺灣近代軍事史上具有重要價值。（資料來源／李乾朗，《旗後砲台調查研究》，一九八八）

四門大砲砲座遺蹟。
（攝影／林靜怡）

二十年後，這幾座因日軍犯臺而建的砲台終究遭遇命中註定的敵人。一八九五年，清朝簽訂《馬關條約》將臺灣割讓給日本，日軍接收時這座島嶼仍不打算屈服，臺灣民主國成了據守砲台對抗日軍的一股力量。不過十月十五日這一天清晨，日本軍艦吉野號砲擊旗後礮臺，「威震天南」四個字就這麼被打掉了。不知該說是幸或不幸，指揮官劉成良沒有受傷，因為這名劉永福之子早在砲擊前兩個小時離開旗後前往安平，失去指揮官的旗後礮臺發射了五發砲彈，本來打算「威震天南」，卻在失去威震之力後輕易為日軍占領。

二鯤鯓礮臺的命運也相似。旗後礮臺失守後六天，日本軍艦來到二鯤鯓礮臺附近打算登陸，其中包括那艘轟掉「威震天南」四字的吉野艦。面對虎視眈眈的日軍，幾天前劉永福曾親自開砲射擊，造成日軍死傷數十，奇怪的是，日軍登陸這一天，二鯤鯓礮臺卻沒有反應。直到日軍先鋒部隊穿過木橋進入二鯤鯓礮臺，才發現根本沒有清軍的影子，原來眼見大勢已去的劉永福已棄守，早一步變裝輾轉搭上英船前往中國。[33] 砲台蓋得再好又如何？失去戰鬥意志，一樣不攻自破。

懷抱著鴻圖建立的「億載金城」與其他砲台，幾乎不見抵抗地落入日軍手中，反而是身為敵人的日本人曾形容「億載金城」：

> 規模龐大，城牆堅固遠勝於旅順、大連，僅配備十吋舊式砲真是太可惜了。[34]

「億載金城」未能英勇抵抗，但贏得這麼一句稱讚，背後心血或許也不算完全白費。

然而，就算二鯤鯓礮臺和旗後礮臺曾善盡職責頑強防禦，恐怕也不敵十九世紀末葉日新月異的艦砲。傳統砲台在建造時認為艦砲不容易打到陸基砲台，因此並未考量頂部的防護。軍事科技進步，防禦思維隨之變動，十年後因應清法戰爭而建的淡水滬尾礮臺和澎湖西嶼西臺、西嶼東臺，在建築結構上與一八七〇年代這一批砲台已經有了顯著的差異，頂部的防護構造厚重堅實，半地下化，更真切體現了堡壘該有的模樣。這還不夠，二十世紀以後，要塞砲台無不地下化，如大武崙砲台、槓仔寮砲台，避免一發砲就暴露蹤跡，淪為任由艦砲宰割的動不了的靶子。

牡丹社事件後二十年間，臺灣新建不少砲台。這些防禦性軍事設施雖然沒能發揮「預期效益」，甚至轉眼之間就與時代脫節，卻為臺灣這樣一座置身地緣政治中心的島嶼勾勒了一幅可能的防衛圖像：師法刺蝟，或許是現實之下可行的理性選擇之一。

註

1. 華阿財口述，賴秀美撰（2020）。〈我的祖先與牡丹社事件〉。林修澈編撰，《牡丹社事件·1871-1874》（頁102-109）。新北：原住民族委員會。

2. 林呈蓉（2006）。《牡丹社事件的眞相》，頁40-42。新北：博揚文化。

3. 李仙得著，Robert Eskildsen、黃怡、陳秋坤譯（2012）。《南臺灣踏查手記：李仙得臺灣紀行》。臺北：前衛出版。

4. 胡連成（2015）。〈清朝與牡丹社事件〉。楊孟哲等著，《一八七四年那一役牡丹社事件：眞野蠻與假文明的對決》（頁82-83）。臺北：五南出版。

5. 臺灣銀行經濟研究室（1959）。〈三月辛末（二十九日）總理各國事務恭親王等奏〉。《同治甲戌日兵侵臺始末》，頁1。臺北：臺灣銀行經濟研究室。

6. 豪士原著，陳政三譯註（2015）。《征臺紀事：牡丹社事件始末》，頁64、79-83。臺北：五南出版。

7. 臺灣銀行經濟研究室（1959）。〈諭軍機大臣等〉。《同治甲戌日兵侵臺始末》，頁7。臺北：臺灣銀行經濟研究室。

8. 臺灣銀行經濟研究室（1959）。〈諭軍機大臣等〉、〈四月戊子（十六日）閩浙總督兼署福建巡撫李鶴年奏〉。《同治甲戌日兵侵臺始末》，頁7-8。臺北：臺灣銀行經濟研究室。

9. 同註7。頁8。

10. 臺灣銀行經濟研究室（1959）。〈五月丙寅（二十五日）福建將軍文煜、閩浙總督兼署福建巡撫李鶴年、辦理臺灣等處海防兼理各國事務沈葆楨奏〉。《同治甲戌日兵侵臺始末》，頁28。臺北：臺灣銀行經濟研究室。

11. 同註10。

12. 同註6。頁99-105、148-151。

13. 同註6。頁144-145、160-162。

14. 同註1。頁109。

15. 臺灣銀行經濟研究室（1959）。《同治甲戌日兵侵臺始末》，頁179。臺北：臺灣銀行經濟研究室。

16. 戴寶村（1993）。《帝國的入侵：牡丹社事件》，頁90-102。臺北：自立晚報。

17. 黃叔璥（1957）。《臺海使槎錄》，頁158。臺北：臺灣銀行經濟研究室。

18. 沈葆楨（1959）。《福建臺灣奏摺》，頁4。臺北：臺灣銀行經濟研究室。

19. 同註18。頁8。

20. 同註18。頁23。

21. 同註18。頁24。

22. 屠繼善（1993）。《恆春縣志》，頁261-262。南投：臺灣省文獻委員會。

23. 楊怡瑩（2008）。碩士論文〈清代至日治時期恆春城內空間變遷研究（1875-1945）〉，頁32。臺北：國立臺北藝術大學建築與古蹟保存研究所。

24. 同註22。頁43-44。

25. 同註22。頁38。

26. 自由時報（2016年2月27日）。〈沒看《海角七號》吼？貨車尷尬卡西門〉。2023年3月21日檢索自 https://news.ltn.com.tw/news/society/breakingnews/1615306。

27. 吳建昇（2014）。大臺南文化資產叢書01《二鯤鯓砲臺》，頁45。臺南：臺南市政府文化局。

28. 同註27。頁48-50。

29. 同註27。頁46-47。

30. 同註27。頁54-56。

31. 許毓良（2011）。〈清末打狗礮台考——以北京國家圖書館典藏《鳳山縣地圖》所做的解讀〉。《高雄文獻》，1（3&4），頁132。

32. 盧德嘉（1960）。《鳳山縣采訪冊》，頁146-147。臺北：臺灣銀行經濟研究室。

33. 同註27。頁99。

34. 同註27。頁104。

四草礮臺

歷史迷霧中的幽靈

——四草礮臺方位之謎

瀟湘神

恆春古城

旗後礮臺

鳳山舊縣城

臺灣府城

二鯤鯓礮臺

臺灣城（安平古堡）

四草礮臺

西嶼東臺

西嶼西臺

四草礮臺。攝影／林靜怡

四草礮臺

始建年代：1840 年
指定年代：1985 年
所在地：臺南市安南區顯草街 1 段 381 號

N

四草大眾廟 ◉
◉ 四草礮臺

◉ 安平小礮臺

臺灣府城

底圖／Google 地球

穿過滿地樹蔭的空地，四草礮臺遺跡已是鎮海國小的一部分。嚴格說，是東側圍牆。來到學校側門，金屬柵門上貼著「砲台到了」、「四草大眾廟，鎮海國小歡迎您」的告示，看來頗有年代。或許慕名而來的人很難想像這座國小平凡無奇的圍牆便是砲台遺址，故特地提醒，以免來者徬徨。

　　校門內寧靜祥和，鳥鳴此起彼落，要不是寒假，校園裡或許有小朋友在操場上嬉鬧吧！對鎮海國小的學生來說，砲台遺跡說不定是很好的談資——我們學校的圍牆是砲台，過去被稱為「鎮海城」喔——我腦中浮現年輕熱情的臉孔。但這番熱情，就算能在聯誼中收獲一陣「好酷喔」，最後也只會剩下「所以呢」的不知所措吧！畢竟對不熱

四草礮臺遺跡。攝影／林靜怡

衷文化資產的人來說，古蹟太遙遠，要是沒有好的賣相，甚至不能激起綺麗的幻想，只能換來尷尬而不失禮貌的微笑。

　　現在砲台遺跡僅剩國小東側的石砌牆，下側有十幾個圓孔，頂部鋪有兩層紅磚；或許是維護過，雖然古樸，卻沒有那種被時間削減到千瘡百孔的骨感氣質，不過好幾株榕樹攀附於牆上，根部縱橫盤踞，幾乎將一切掩蓋，那確實是光陰的造作，非一朝一夕可成。

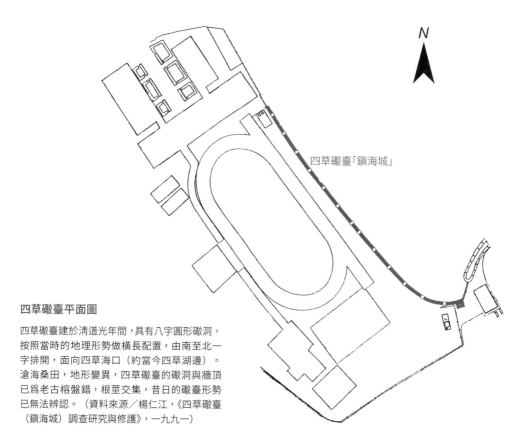

N

四草礮臺「鎮海城」

四草礮臺平面圖

四草礮臺建於清道光年間，具有八字圓形礮洞，按照當時的地理形勢做橫長配置，由南至北一字排開，面向四草海口（約當今四草湖邊）。滄海桑田，地形變異，四草礮臺的礮洞與牆頂已為老古榕盤錯，根莖交集，昔日的礮臺形勢已無法辨認。（資料來源／楊仁江，《四草礮臺（鎮海城）調查研究與修護》，一九九一）

榕樹的氣根隨風飄揚，宛如陣陣浪濤。

這些圓孔是什麼？它們由紅磚圍成，直徑一公尺左右。仔細觀察，能察覺到斜度——校園內較低——坦白說，這些圓孔讓圍牆變得毫無意義，要入侵校園，或逃學，都不是難事；但這是古蹟，當然不可能將圓孔封起。作爲砲台遺跡，不難想像這些圓孔是用來安置大砲，石牆是防禦工程，就算敵人以砲反擊，大部分也會被牆擋住，無法卽刻摧毀牆內軍力。

這麼一來，「斜度」的意義也不難了解。

爲了命中遠方敵人，砲彈必須抵抗地心引力，因此砲管必然往上傾斜；圓孔的斜度，顯然是配合砲管的。旣然校園側位置較低，就表示鎮海城這個要塞的敵人來自校外方向，也就是東北東。

東北東？

看向身後廣大的空地，這裡跟校內同樣寧靜，只有和煦的風。百年前，這裡曾有濃厚的戰火氣息？但看地圖上相對位置，難解的謎團油然而生，四草礮臺針對的敵人到底是誰、又是來自哪？這座位於臺灣西岸的砲台，怎麼會認爲敵人來自東北東？

遺址旁的石碑記載了砲台始末，內容大致如下：四草礮臺俗稱鎮

鴉片戰爭爆發時，臺灣兵備道姚瑩為了防止英軍侵襲臺灣，在經過考察臺灣的砲台形勢以後，上呈了《臺灣十七口設防圖說狀》，建議在臺灣主要及次要的海口一共十七處，分別增設防禦工事。他選擇在四草湖北岸建造了四草礮臺，剛好可以呼應南岸二鯤鯓的五座砲台，相互協防，透過不同高度與角度的交錯，形成嚴密的射擊網，一同保衛臺灣府城以及據守安平港的重要防禦設施。（攝影／林靜怡）

海城，清道光二十年鴉片戰爭時，臺灣道姚瑩在四草海口北岸建造，與南岸二鯤鯓的五座砲台互成犄角，形成拱衛臺灣府城與據守安平大港的海口防禦性砲台。由於環境變易，當年的砲台形式已不復見，牆垣上古榕根莖錯雜，影響結構，爰於民國八十年委託研究者調查、維護、建造云云。

鴉片戰爭。

這場赫赫有名的戰役，竟跟臺灣有關？但就算為此建造砲台，砲口方向的疑問仍未解開。既然敵人是英軍，砲口不更該對著大海嗎？要解開這個謎，不能只看當代遺跡，還得回到過去；回到鴉片戰爭發生的一八四〇年——不，甚至更早，要釐清整件事，得回到一六六一年，那時鄭成功率領艦隊駛進鹿耳門，打算進攻普羅岷西亞要塞。[1]

回到更早的過去

十七世紀，要進攻普羅岷西亞可不是件易事。

當時臺南的風貌，與現代可說是天差地遠；臺江內海尚未淤積成陸地，如今位於市中心的普羅岷西亞城堡（赤崁樓），彼時聳立於「內海」之濱，灰青色的茫茫波濤沖刷海岸，與誇張華麗的荷蘭堡壘形成濃烈對比。要抵達這座城，可不是說來就來，因為臺江內海被好幾個沙汕包圍，漲退潮時，沙汕的形狀隨潮水高度不同，可說頗有凶險。

要進內海，通常得經熱蘭遮城，也就是安平鎮旁邊的水道，那裡才夠深、夠廣，熱蘭遮城坐鎮該處，可說「一夫當關」。相形之下，鹿耳門卻是窄小的水道，無法供大船通過。就常識來說，鄭成功要進臺江內海，只能正面面對熱蘭遮城艦隊的第一線砲擊。

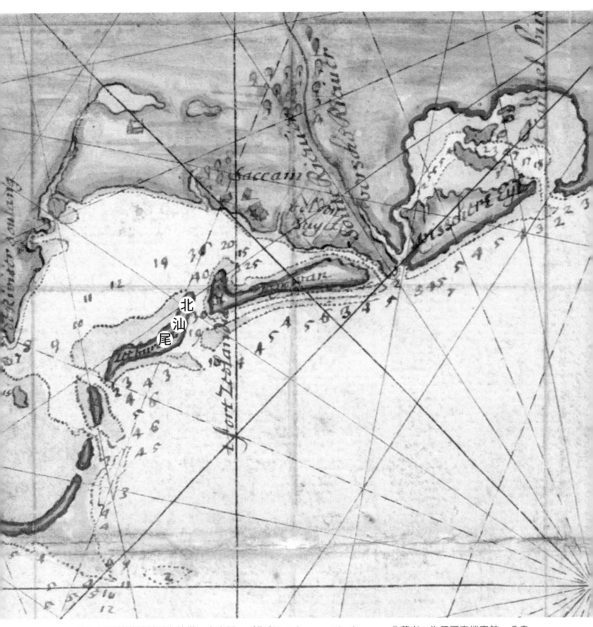

北汕尾與熱蘭遮城所在地僅一水之隔。（作者：Johannes Vingboons。典藏者：海牙國家檔案館。公衆領域標章（Public Domain Mark）。發布於《開放博物館》[https://openmuseum.tw/muse/digi_object/13d1cb875c10da93c180f7b561e6f492#100270]，2023/07/07 瀏覽）

然而奇蹟發生了。

原本淤淺到不可能讓艦隊通過的鹿耳門河道，竟因潮水大漲而讓鄭軍通過，荷蘭軍隊甚至輕忽到沒安排任何守軍！不過幾個小時，鄭軍穿越臺江內海登陸，包圍普羅岷西亞城。與此同時，鄭軍在鹿耳門水道南方沙汕「北汕尾島」紮營，這個沙汕能直接通往熱蘭遮城水道北側，可說是進攻熱蘭遮城的陸路基地。出於某些原因，荷蘭方軍力壓倒性不足，可能只有鄭軍的十分之一；即使如此，熱蘭遮城守軍仍決定在第二天迎擊鄭軍，部分士兵穿越水道，前往北方的北汕尾島與鄭軍決戰，最後大敗，包括將領在內共一百多人陣亡，曝屍荒野。過去看《鹿鼎記》，還覺得鄭軍將領智勇雙全，連歐洲海權大國都不是其對手，但翻閱史料，這場勝仗或許可說是必然，甚至打太久了——熱蘭遮城投降是九個月後的事。

為何突然講這段故事？因為我們已看不出四草最古老的樣貌。什麼樣貌？其實「四草」這地名就藏著線索。據說四草即「四樷」，「樷」的發音近「草」，故訛誤；那「樷」是什麼呢？是種常綠灌木，現在稱為草海桐，[2] 叢生於海岸，枝條粗壯，葉叢綠油油地盛開，其花相當奇妙，普通的花，花瓣自中心均等地綻放，草海桐卻像張開的手掌，扇形分為五裂，宛如失去半身的殘花，故英文有 Half Flower 的別名。

只生長於海岸的草海桐，不集中於西岸，而是四面八方圍繞著某處，故稱「四樷」，顯示四草是四面臨海的沙汕、島嶼。根據荷蘭時

代地圖，四草當時與「北汕尾島」相連，換言之，附近或許便埋著幾百年前荷蘭士兵的屍骨。

走出鎮海國小旁的空地，馬路對面富麗堂皇的廟宇是四草大眾廟。廟裡祭祀的主神是陳酉，但也有學者認為就是原本祭祀的是孤魂大眾爺，後來才逐漸有「陳酉」傳說取而代之。真相如何，現已難以確認，不過提到大眾廟的重點並非其祭祀的主神，而是廟後有個「荷蘭人骨骸塚」。

來到廟宇後方，那裡宛如公園，鬱鬱森森，步道由石頭鋪成，入口處有個「臺灣最古老紅樹林家族」的招牌——要怎麼追究此地真有最古老的紅樹林？坦白說我難以想像，或許是想強調此地的歷史感，甚至能透過自然證成吧。

收納荷蘭人骨骸的，是個如甕般的圓柱體建築，上有平緩圓頂，與成人差不多高，位置緊貼著廟，甚至有點壓迫感。圓柱體的側邊有彩繪，現今已看不清，幾乎都風化為粉紅色的色塊，只能隱約看出幾組歐式拱門與柱子的圖案。根據報紙，那是二〇〇七年由荷蘭在臺藝術家所設計的畫作組，[3] 門的那一面，寫著拉丁文「Dona Nobis Pacem」，即「賜我們安息」之意。

這些遺骸，真的是當年死於鄭軍之手的荷蘭士兵嗎？

其實這個骨骸塚有個更古老的名稱「海靈佳城」——風雅卻帶著點魔魅。根據公園裡的重修之碑，上面有考古學家黃典權所撰文章，自述於一九七二年受邀前來考察此處挖掘出的數十具遺骸，這些遺骸中，有的是戰死，有的浸泡過海水，當地居民認為部分屍骸腿骨較長，可能是荷蘭人，但他不敢確斷，只說「難其必無」。

換言之，現在被收納在荷蘭人骨骸塚的死者們，他們究竟是不是那些荷蘭士兵，考古學家不敢論斷。

這是二十世紀的事，現在難道沒有更新的研究嗎？有的。二〇〇二年，自然科學博物館團隊在廟方同意之下，調查了骨骸塚裡的三十五具遺骸；結論是，其中大部分接近亞洲人頭形，僅兩具頭骨近歐洲人。[4] 這不能作為鐵證。不如說，既然大部分都不吻合歐洲人頭形，那荷蘭古戰場的證據便不算充分。

我不禁戰慄。如果這麼大量的骨骸不是鄭荷大戰的遺跡，有些卻明顯是戰死，豈不表示已知的歷史外還有一場大戰？這塊曾是沙汕的土地上，當年究竟發生過什麼？臺江內海的地貌變幻無方，這段泯沒在正史外的戰役簡直像帶著浪漫色彩的險惡之夢，令人惦記，卻又無從追尋。

但就算沒有荷蘭人遺體，荷蘭人骸骨塚依舊是荷蘭人骸骨塚；在官方將那些遺骸視為荷蘭人後，無論其真實身分為何，紀念碑的性質

海靈佳城塚安置的據稱是荷蘭軍隊的遺骨。（攝影／林靜怡）

都成立了。透過骸骨塚，人們得以憑弔往事，甚至將其視爲臺荷交流的媒介物。那些壯闊的敍事需要具體象徵，就算是素昧平生的遺骸，只要能滿足落腳的緊迫就好。

附近還有「荷蘭海堡」遺址。

搭乘大眾廟附近四草綠色隧道的竹筏，河道旁能看到寫著「荷蘭海堡」的牌子，但幾乎看不到遺跡，只知道大約位置。根據文獻，這座海堡（Zeeburg）興建於一六二七年，一六三一年時改建，成爲三層

海靈佳城碑。（攝影／林靜怡）

樓建築，最上層架設六門大砲。一六五六年，海堡被水沖垮，地基甚至有水冒出，無法修復[5]——這時離鄭成功攻臺，還有五年。

　　要是海堡沒被沖垮，攻臺之役會有不同結果嗎？至少不可能這麼順利進入鹿耳門，海堡可是有六門大砲。但鄭軍抵達時，海堡已成廢墟，甚至成為鄭軍紮營之地。[6]荷蘭軍反攻北汕尾，就是瞄準駐紮海堡的鄭軍。從這個角度看，認為四草附近有荷蘭人屍骨，絕非空穴來風的妄想。

「臺灣亞馬遜」——四草綠色隧道。（攝影／林靜怡）

荷蘭人的海堡，姚瑩的砲台，相隔兩百多年的兩處軍事遺跡，只有短短兩百多公尺的距離，難道四草是什麼軍事重地，在這數百年都有重大意義？其實不見得，至少荷蘭時代跟清領時代，此地軍事設施的意義便不該相同──

　　因為地形完全不同。

煙硝味穿越大海而來

說起來，爲何四草的地形變化這麼大，原本與北汕尾島相連，後來分離成四周被榭包圍的小島，現在卻成爲陸地？

原來道光三（一八二三）年有一場暴雨，洪水迫使曾文溪改道——這不是曾文溪唯一一次改道，在日本人建堤防控制前，每次改道都奪走大量生命；「青盲蛇」這個當地稱呼，可說滿懷著畏怖之情。原本曾文溪由北門的將軍溪出海，改道後，大水沖垮鹿耳門媽祖廟，同時無數泥沙湧進臺江內海。原本臺江內海就有淤積傾向，泥沙湧入更加快此一過程。

道光三年以前，安平已因泥沙淤積，無法停泊大船，鹿耳門港取代它成爲大港。但曾文溪改道後，鹿耳門港反成陸埔，難逃荒廢命運；[7]倒是洪水疏開安平淤泥，延長安平港壽命。原本重要的鹿耳門港失去功能，卻在北方沖出國賽港（郭塞港）取而代之，與此同時，南方的四草、安平也分擔部分鹿耳門的原本功能——這就是鴉片戰爭前，臺江內海的新地貌。臺江內海持續淤積，四草與陸地相連，不再是島；內海則退縮爲安平、四草間的「四草湖」，與安平以南的「鯤鯓湖」。

說到這裡，謎團已經解開了。

這可能就是四草礮臺面向東北東的原因，砲火應沿著海岸線射向

內海——四草湖！[8] 那時四草是往來商船停泊之處，雖遠遠不及安平重要，卻也不能讓敵軍登陸，成為據點。安平港外有二鯤鯓礮臺億載金城，四草則有鎮海城，兩者都是為了阻止敵軍攻占安平。

但比起億載金城，鎮海城沒那麼宏偉壯觀，因為本就是匆匆建成。

道光二十年，煙硝味穿越大海而來，那是第一次鴉片戰爭。

這場中國近代史上知名的戰役，許多人或許都在課本上讀過，但從民族主義的角度來理解，恐怕不能見到全貌；我接觸這段歷史時，印象最深的是地方官員不斷對道光帝撒謊，隱瞞真實戰況，最終讓道光帝做出錯誤判斷，這才有了「喪權辱國」的發展。當然，我們可以說是地方官軟弱無能，但這難道不是長久以來的官場文化？說到底，不過是不敢犯其天威，若非惹來慘痛結局，說不定還是被鼓勵的行為。執政者樹立起沒人敢說真話的威嚴，要說他對此沒有責任，恐怕很難。我是說，光熱衷檢討英國人其心可誅，無法改善中國內部的體質問題。

眾所皆知，鴉片戰爭的引爆點是林則徐虎門銷煙，這位欽差大臣封鎖商館、強行扣押鴉片；如果將這幾萬箱鴉片燒掉，恐怕會變成大型娛樂用藥狂歡現場，因此以化學手段融化鴉片，倒入海水，整個過程長達二十二天，附近惡臭無比，甚至有人中毒，前來圍觀的外國人絡繹不絕，確實是震懾國際的大事。不過這樣強硬的手段，當然難以讓英國人接受。且不論禁絕鴉片對英國造成的損失，英國商人在中國

行商，竟連人身安全都無法獲得保證，這也是大問題。更別提兩國關係早已緊張，天朝上國不斷以高傲的身姿對待英國這等蕞爾小邦，自然讓英方不滿。總之，原本林則徐銷煙是針對英商，但駐華總督義律保證英國政府會賠償商人，將鴉片所有權轉移到英國政府手中，這就成了英國政府索討賠償的正當理由。

這與臺灣何干？虎門銷煙是一八三九年六月，等英國決議出兵，艦隊抵達廣東，已是隔年六月下旬。七月初，英軍只用了九分鐘就把舟山群島的清軍打得落荒而逃，他們占領定海，陸續封鎖出海口，率軍北上，目的是遞交英國外相的公函；這段期間無論他們打到哪，都沒有官員願意轉呈公函給皇帝。

在艦隊抵達天津前，臺灣發生了一段插曲。

七月十六日，有艘雙桅外國商船出現在鹿耳門外，引起臺灣道姚瑩的緊張。根據奏摺〈夷船初犯臺洋擊退狀〉，其實他們直到最後都沒能弄清那艘船的身分；朝該船開砲後，該船也發砲回擊，並往西南撤退，這艘船跟英國艦隊有關嗎？難以證明。但姚瑩認為它可能是被中國驅離才逃來臺灣，或缺乏糧食想上岸補給，或打算將鴉片賣掉。姚瑩行動極為謹慎，發現船隻後派人巡邏鹿耳門、郭賽港、四草湖，不只立刻封港，連小船、竹筏都不准出海，就是要避免民間走私鴉片或接濟洋人，足見鴉片戰爭帶來多強的緊張感。

半個月後，英國艦隊抵達天津，該港離北京不遠，可說已到天子腳下。直到那時，道光帝才意識到英國艦隊沒這麼簡單，態度軟化，釋出談判意向。這段期間，清廷也不是毫無準備，畢竟談判可能不成；於是道光二十年九月，姚瑩上奏〈臺灣十七口岸設防圖說狀〉，提議加強臺灣十七處的防守，其中就包括四草。

四草海口。四草與安平斜隔大港，即北汕之首也。其外水勢寬深，臺灣大商船自內地來，皆停泊於此。俗名四草湖。遙望安平，約十里，築礮墩十座，連長三十丈，設一千五百斤礮二位、一千斤礮三位，八百斤礮二位，墩外挖濠溝，寬一丈二尺、深一丈、長四十丈，濠溝內布竹籤二萬枝，外備釘桶八百箇、釘板八百塊、鐵蒺藜二萬枚，臨時應用。[9]

這裡頭提到的「礮墩」，是以麻袋、竹籤裝沙堆成的臨時構造，為了加強防禦效果，還要挖壕溝，用竹籤、釘桶、釘板、鐵蒺藜來嚇阻敵人，都是臨時性的。這種構造可在短時間內實現，根據姚瑩後續奏章，十七口岸設防在道光二十年底便已完成，不過短短三個月；這種情況下，四草礮臺當然遠遠不如請法國工程師來建造的億載金城。

現在的四草礮臺顯然不是這種臨時構造，這是怎麼回事？原因倒也單純，就是日後加工補強了。根據姚瑩道光二十一年九月的奏章，提到「安平之北，隔港六里為四草，亦砌築石塡夾牆七十餘丈」，[10]顯然已有補強計畫；值得一提的是，同段文章提到要在鹿耳門塡石，

在郭賽港鑿穿民船或舊船，就算癱瘓港口功能也要阻止英軍上岸——雖然面對那樣的船堅砲利，確實沒多少手段可選，但此等破釜沉舟，固然有所覺悟，卻也有種黔驢技窮的悲涼。

　　當然，英軍並未在鴉片戰爭期間認真攻打臺灣。說到底，英國政府的目的是通商與法律優惠，攻打臺灣不會帶來多少好處；倒是戰爭期間有商船遇難漂流到臺灣，被地方官員渲染為勝仗——中國官員為了討好或畏懼而撒謊，幾乎貫穿整場戰役。清國戰敗後，四草礮臺沒派上用場，而隨著四草湖持續淤積，艦隊甚至不可能駛進；至此，砲台的軍事功能消失，如今只剩與校園結合的圍牆。百年過去，戰爭時期的煙硝味與悲涼，都沉澱為海埔新生地，化作冬日陽光下的蝴蝶，飛舞於微涼的風中。榕樹，大眾廟，紅樹林，有些遺跡尚存，有些則滄海桑田。

　　一九七〇年代晚期，四草傳統手撐船的貨運生意式微，一艘手撐船被棄置於鹽水溪南岸的廢棄魚塭，只剩船頭露出水面，永遠與它的職責告別；現在，這艘船被臺灣歷史博物館收藏、展示。這起見證臺江內海末日命運的小事件，卻作為證物與紀念碑被保存。

　　搭上想像的手撐船，我們隱約看見數百年前的臺江內海，三色荷蘭旗幟飄揚在海堡上……。在那以前的事，已無從知曉。

一艘彷彿被歷史遺棄的木船成為臺江內海末日命運的證物。（攝影／瀟湘神）

註

1. 即今臺南赤崁樓，荷蘭文作「Fort Provintia」，一般又譯「普羅民遮城」。

2. 許政雄（2014）。《臺南四草大眾廟誌──四草大眾廟開發史》，頁2。臺北：萬卷樓。

3. 自由時報（2007年12月14日）。〈安息吧！荷蘭人墓塚裝置藝術落成〉。2023年2月21日檢索自 https://news.ltn.com.tw/news/local/paper/175138。

4. 陳叔倬（2014）。〈荷蘭人基因是否遺留臺灣〉。《科學發展》，495，頁59-60。

5. 陳信雄（2001）。〈荷蘭海堡的出土與發現──十七世紀臺灣歷史的重建〉。《歷史月刊》，165，頁32。

6. 同註5。頁33。

7. 周宗賢（2004）。〈鹿耳門暨四草礮臺建置始末〉。《淡江人文社會學刊》，20，頁30。

8. 這與部分早期文獻的觀點不同，如《重修臺灣省通志，土地志，勝蹟篇》（1996，臺灣省文獻委員會）稱剩下的牆垣是鎮海城「西面砦壘」。但考量當時四草湖的位置，無法說明有何必要將砲口對準西方。事實上，姚瑩改建時稱「砌築石墩夾牆七十餘丈」，就顯示砲臺僅有一堵牆，即使擴建也應該朝港口方向包圍，沒必要築成環狀構造，故當無所謂「西面」之理。

9. 姚瑩（1960）。〈臺灣十七口岸設防圖說狀〉。《中復堂選集》，頁77-78。臺北：臺灣銀行經濟研究室。

10. 姚瑩（1960）。〈臺灣不能堅壁清野狀〉。《中復堂選集》，頁103。臺北：臺灣銀行經濟研究室。

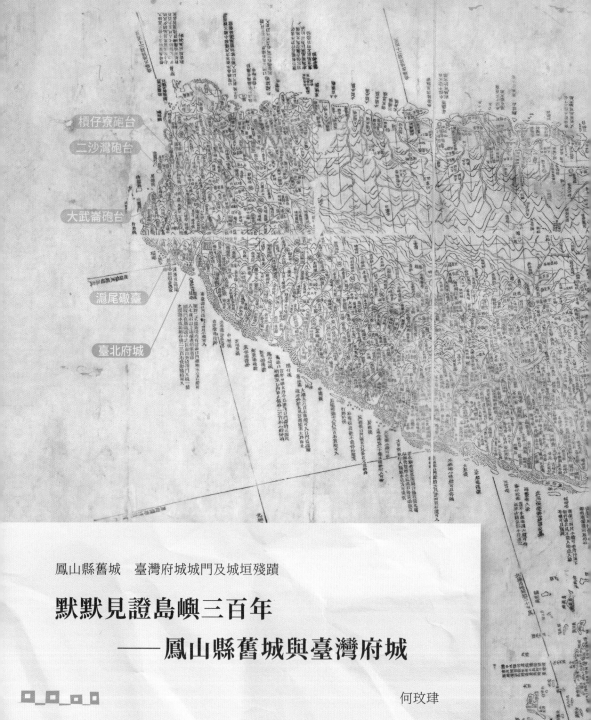

槓仔寮砲台

二沙灣砲台

大武崙砲台

滬尾礮臺

臺北府城

鳳山縣舊城　臺灣府城城門及城垣殘蹟

默默見證島嶼三百年
——鳳山縣舊城與臺灣府城

何玟瑾

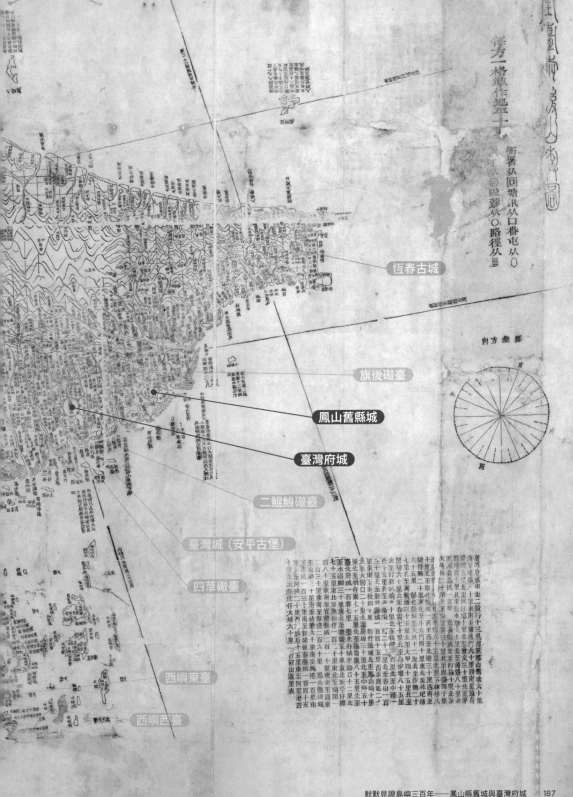

恆春古城

旗後礮臺

鳳山舊縣城

臺灣府城

二鯤鯓礮臺

臺灣城（安平古堡）

四草礮臺

西嶼東臺

西嶼西臺

鳳山縣舊城東門。（攝影／林靜怡）

鳳山縣舊城

始建年代：1722 年（土城，右頁圖虛線範圍）　1825 年（石城，實線範圍）

指定年代：1985 年

所在地：高雄市左營區興隆段 158-1 號等

N

北門

西門

東門

南門

臺灣府城大南門。（攝影／林靜怡）

臺灣府城

大南門	始建年代：1725 年建木柵城門，1736 年改建石門，1775 年改建城樓 指定年代：1985 年 所在地：臺南市中西區聖前里南門路三十四巷邊	
大東門	始建年代：1725 年建木柵城門，1736 年改建石門，1775 年改建城樓 指定年代：1985 年 所在地：臺南市東區龍山里東門路 258 號	
南門段城垣殘蹟	始建年代：1725 年建木柵箣竹城，1788 年改建土城 指定年代：1985 年 所在地：臺南市中西區樹林街、慶中街口（臺南女中圍牆一部分）	
東門段城垣殘蹟	始建年代：1725 年建木柵箣竹城，1788 年改建土城 指定年代：2003 年 所在地：臺南市東區東門路 1 段 156 巷 23 號南側，光華街 225 號對面	
小東門段城垣殘蹟	始建年代：1725 年建木柵箣竹城，1788 年改建土城 指定年代：1985 年 所在地：臺南市東區大學路 1 號（成功大學光復校區大學池旁）	
兌悅門	始建年代：1835 年（張丙事件後） 指定年代：1985 年 所在地：臺南市中西區忠信里文賢路與信義街 122 巷交叉口	
巽方砲臺	始建年代：1836 年（張丙事件後） 指定年代：1985 年 所在地：臺南市東區光華街 10 號	

N

小東門段城垣殘蹟

兌悅門

巽方砲臺

大南門

南門段城垣殘蹟

大東門

東門段城垣殘蹟

底圖／Google 地球

校園裡有古城牆

　　成功大學光復校區歷史系館旁有一座城門和一小段城垣，學生們戲稱爲「小東西門」——東門的城垣與移地重建的小西門靖波門——一九七〇年教授與文史工作者爲城門該怎麼擺放而傷透了腦筋。城門有內外之分，原來的小西門（靖波門）位於城之西，如今遷來城之東，應該怎麼放比較好？無論如何，最後是「靖波門」三個字朝外面向馬路。站在城門下，會發現城門內還留著碑文，警告負責守門的官兵不可以勒索出入府城的農人與商販。

　　小東門殘垣上方則橫了一條觀景橋，供人走上樓梯去看看城垣的樣子，觀察其構成，土、沙、石灰還有種子。鳥兒排遺的種子不知何時落到城垣上，長成大樹，經過漫長的時間，自然與人造物合爲一體。

成功大學校園裡的臺灣府城小西門城樓與小東門城牆。（攝影／林靜怡）

天橋懸在小東門段城垣殘蹟之上。（攝影／林靜怡）

走下步道，來到鄰勝利路的人行步道上，不妨低頭看看，鋪設的磚面上以細線重現過去城垣的走向和位置，小小的巧思提醒現在的人們，過去這裡有一座城。

鴨母王之後，築城勢在必行

時間轉回一七二一年，康熙六十年，朱一貴事件爆發，朱一貴攻進臺灣府城。在此之前，府城是不允許築城的，臺南的文學家莊松林（筆名朱鋒）曾在日治時期寫了〈鴨母王〉的民間故事，當中寫道：「康熙六十年五月初旬。有一天鴨母王引率了雄赳赳地大軍望著臺南府進軍了……當時還沒有城，現在可以算做城內了。」

在莊松林筆下，朱一貴攻抵臺灣府時，正好遇到一班梨園在作戲，沉浸於戲中的戲子和看戲的百姓看見武裝的傭工、農民，嚇得丟掉戲服與道具，倉皇逃命。朱一貴於是撿起龍袍與通天冠，自己加冕為皇帝，以「反清復明」為號召起義。他的「永和」王朝也短暫如戲，同一年，清朝政府派藍廷珍來臺平亂，朱一貴被捕，押解至北京凌遲處死。莊松林在故事中寫下的句子很美：「在北京化為校場的露水。」

好幾百年前，無數年輕的生命在民變和械鬥中如露水蒸發。而在歷史的洪流中，不是每一滴露水都能被記載，描述水滴的方式長久以來由官方與活下來的人所決定。在清代的官方檔案《平臺紀略》、《靖

臺實錄》中以「臺灣土賊」、「臺灣奸民」稱呼朱一貴，而在臺南小南城隍廟、高雄興安宮中，朱一貴卻是受人祭拜的神。

臺南是座文化古城。「古城」的意思是：地層之下有鮮血、有白骨，行走街巷之間，彷彿能看見歷史的幽魂在暗夜中遊蕩。臺南多巷、多廟，部分反映了官民之間、族群之間的諸多衝突。如迷宮般曲折狹窄的巷弄是爲防禦外敵，廟宇眾多是爲祈福、敬神與安魂，更是發展聯境組織抵禦外敵的信仰單位。

數百年前的朱一貴，是這樣踏上了人生最後一段遠行：一名偷渡來臺的小人物，離開島嶼、再次踏上故鄉大陸，此趟遠行卽是赴死，枷鎖鐐銬，自被捕的那一刻起便再也不是自由身。我猜想他們應該是坐船先到了福建，行陸路再轉水運。在運河中航行，沿途看見的商船、遊舫都與他無關。抵達北京刑場已是十月入秋，南方的燠熱從他身上退去，肅殺秋意朝他襲來。白刀從他身上切下一片片血肉，刀刃寸寸紅，圍觀的群眾說著他聽不懂的話。聽不明白的語言都是假的，只有眞切上身的疼痛是眞實的，他在刀割的疼痛中緩緩斷了氣，沒能見上最後一面的家人們被發配爲奴。刑場上的朱一貴並不知道，數十年之後會有另一名起義者步上他的後塵，再一次從小島出發、來到大陸受凌遲之刑而死，那人的名字叫做林爽文。

彼時朱一貴也不知道，日後會有兩派人馬爭奪平亂之功，一方是藍鼎元寫《平臺紀略》，將平亂之功歸於南澳總兵藍廷珍；一方是黃

耀炳寫《靖臺實錄》，記載福建水師提督施世驃平定朱一貴事件的始末[1]——順帶一提，施世驃是施琅的第六個兒子。父親打敗以反清復明爲志業的鄭氏王朝，兒子平定以反清復明爲號召的平民起義。

朱一貴率衆攻入府城，事件雖獲平定，但人心惶惶，官民不知道自己的身家安全是否能挺過下一次民變？偏偏臺灣又是個「三年一小反，五年一大亂」的地方，官員遂向康熙皇帝上奏，希望可以讓府城建城垣。然而，康熙皇帝否決了這項提議，認爲沒有城牆，造反的人容易攻進去，同樣代表負責平亂的官員也容易打進去收復失地，皇帝覺得沒有建城的必要。

上頭覺得沒必要，底下負責管理臺灣的下屬覺得很有必要。還好，朱一貴事件後，隔年官員們的頂頭上司就換了個人，一七二二年雍正即位，福建提督郝玉麟和巡撫趙國麟建議可以先建砲台、種刺竹。臺灣縣知縣周鍾瑄則上書皇帝說可以用木柵築城，重點是能以民間捐輸的方式，老百姓出錢，不會花朝廷太多費用。雍正同意，臺灣府城有了第一座木柵城池。[2]

然而，木頭不若磚石那般堅固，易腐朽、易傾頹，乾隆年間的臺灣府知府蔣元樞看到殘破的木柵城池，認爲不足以抵禦亂民，於是重建。後來林爽文事件爆發，府城雖未失守，但看著搖搖欲墜的木柵，又聽聞其他以木柵築城的城池都被攻破，官員們覺得以木柵築城實在太不令人安心了，才動起蓋更堅固城池的念頭。[3]

臺灣府知事楊廷理負責建城事宜，完工後立了〈改建臺灣府城碑〉，如今仍矗立於「大南門碑林」。〈改建臺灣府城碑〉記錄這次興築三合土城的歷程，詳述工程原由、內容、金額與工期。[4]府城西側的五條港外接鹿耳門、臺江內海，內迎府城，商業興盛、人口眾多，是城中物資貿易的經濟命脈，不過乾隆年間五條港地區大部分仍在海裡，一開始並未劃入城內。

和臺南府城命運相似的還有「鳳山縣舊城」。「鳳山縣」是清朝領有臺灣以後設置的行政區，大致上臺灣府城以南的地區就是鳳山縣境，最早的縣治興隆里位於今高雄市左營區，所以鳳山縣舊城一般也以「左營舊城」為人所知。鳳山縣舊城最初僅以刺桐築城，朱一貴事件時被輕易破防，鳳山知縣劉光駟和百姓合作，於一七二二年借天然屏障，用土牆連結龜山與蛇

十八世紀中葉的臺灣府城。（引自／〈乾隆臺灣輿圖〉，來源／© 國立故宮博物院）

山，這是「鳳山縣」第一次建城，也是全臺第一座土石城垣。

第一次在興隆里起建的鳳山縣城，日後竟在林爽文事件中被莊大田等人率眾從未設防的龜山攻破——天然屏障都不屏障了，反而讓體力好的有心人士能翻山越嶺進入城中——官府飽受其擾。既然原址已無軍事防守的作用，官民決定遷移縣治到當時商業活動較興盛的下埤頭街，也就是現在高雄市鳳山一帶。然而鳳山縣新城完工後，鳳山縣的官民仍然在新城與舊城之間來回遷徙、避禍，之所以如此，主要的原因是清代政府於民變之外的另一個心頭大患——海盜。

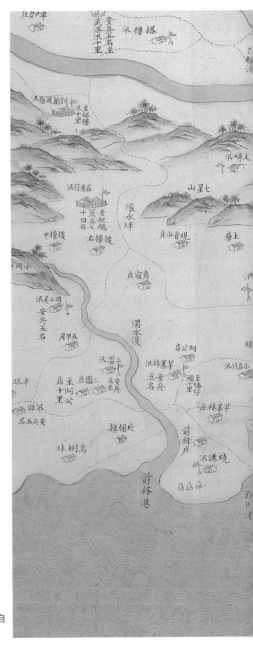

土城時期的鳳山縣城，當時龜山未納入城內。（引自／〈乾隆臺灣輿圖〉，來源／◎ 國立故宮博物院）

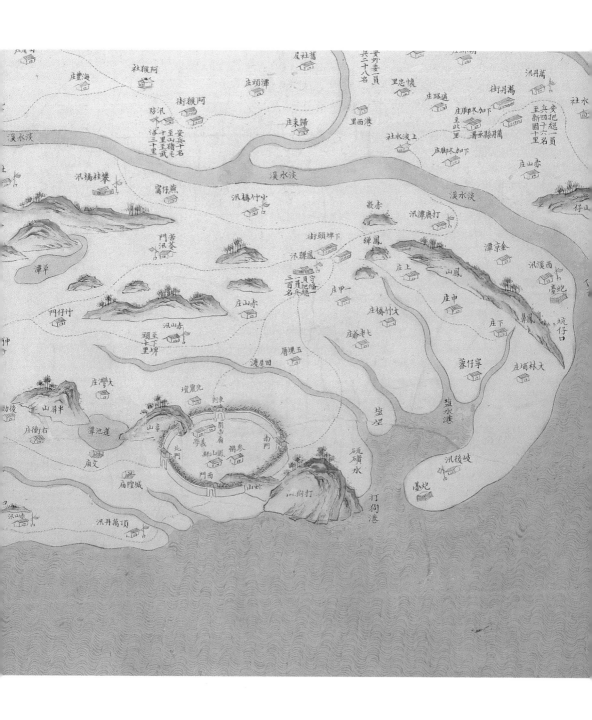

城池誕生與升級來自海盜與民變

兩百多年前的鹿耳門，可能曾經發生過這樣的情景：

十一月入冬的臺灣有點冷。海面上吹起東北季風，海象一如往常地平和，冬季的黑水溝不像夏秋兩季那般有許多颶風侵擾，河清海晏，無風無波，看似一片祥和。那站在鹿耳門高地上瞭望的小兵盯著海面，神情有些緊張。他聽聞蔡牽夥同臺民，正朝北路淡水和南路鳳山進攻，駐守臺南地區的大半兵力都分調兩處，留守臺南的兵力甚少。萬一蔡逆實有謀略，採聲東擊西、調虎離山之計，趁此時進攻鹿耳門，直取府城的話……。他不敢再細想下去。

不會的，蔡牽一介沒讀過書的文盲，成為海盜前不過就是一個彈棉花的傭工，能懂甚麼兵法呢？小兵在心裡安慰自己，覺得蔡牽不可能那麼聰明，即便現在僥倖能侵擾島內和中國沿海，但大清的水師定能馬上將其捉拿歸案！

就在此時，海面上突然出現了一艦船隊，看上去並不像是官方軍隊。小兵嚥了嚥口水，瞪大眼睛細看為首的那人——身穿黃衫青褲、頭包花綢巾的矮小男人——不正是蔡牽嗎？小兵驚恐不已，扯著喉嚨大喊：「蔡牽來了！」

一八〇五年，海盜蔡牽夥同臺灣本島北、中、南三路陸路大股頭

攻打臺灣。蔡牽集團自滬尾登岸，在北部攻陷淡水、新莊，在南部進攻鳳山，攻破鳳山縣新城，蔡牽的勢力一時間遍布臺灣西岸。蔡牽認為要取臺灣必先取臺灣府，便採取圍城戰略，打算透過長期包圍府城、裡應外合迫使官民投降。然而當時官民守住大西門，使府城久攻不破，直到清朝援兵抵達，才讓蔡牽集團放棄攻臺。

　　大西門又稱鎮海門，自林爽文事件後東移遷址，遷址後的城門外便是五條港區。五條港的水運系統與鹿耳門相通，具海防和貿易的功用。早在大舉攻臺之前，蔡牽已經有數次進犯臺南的紀錄，因為五條港地區沒有被劃入府城中，所以海盜來襲、府城關閉城門時，商船與郊商被拒於城門外。為避免損失更甚，商人們只得同意蔡牽的勒贖，支付高額的保護費以求自保。蔡牽攻臺時，三郊商人們群起響應官府抵抗，捐錢鞏固城防、出錢出力招募義勇，官民協力驅走海盜勢力。[5]

　　如果我們是當時的郊商，會怎麼打算呢？一方是關閉城門、不讓住民與產業進城的清朝官府；一方是侵門踏戶、掠奪資源的海盜。商人逐利而往，如果協助蔡牽奪取臺灣，再現明鄭一般的政權，清朝極可能再次對臺祭出海禁，禁止海峽兩岸的貿易往來，損害經濟利益。因此，不如協助官府對抗蔡牽集團，永絕後患，除了保衛鄉土，更能保障貿易航線，貨出得去，錢進得來，大家發大財。

　　再換個角度想，蔡牽深具領袖才能，不但能統領旗下眾多海盜船，還能以金錢收買部分臺灣島民，讓他們協助補給、操作輿論、打陸地

戰轉移各地官府注意力。如果他能更加細緻地處理與郊商間的矛盾，說不定那「鎮海王」的名號可以延續得久一點。

蔡牽犯臺之後，臺南府城開始重視海防，府城三郊總義首陳啓良向巡道慶保請求於城西海埔地建城，[6] 於是原本沒有城牆的五條港地區開始興建木城，這就是府城西側的外城。這些設施由五條港的郊商出資興建，從小西門開始修築，經過大西門一路來到小北門，這些外城保障了人民的安全和商業利益。促使外城誕生的另外一個理由是民變，雖然不一定每一場民變都與臺南府城直接相關，但仍會影響官民加強城防的想法，如張丙事件。

張丙是嘉義店仔口（今臺南市白河區）人，世代經營魚行，經常排解困難，頗獲地方尊重。一八三二年，臺灣稻穀欠收，各地禁止米穀外流，不過店仔口傳出有米商偷運米糧出境卻被盜匪劫去，米商誣告是張丙所爲，嘉義知縣因此通緝張丙，碰巧他的朋友陳辦與人發生械鬥，也遭追緝。

張丙覺得嘉義知縣不公，於是結合陳辦對抗官兵。一八三二年十一月、十二月先後殺死嘉義知縣邵用之與臺灣知府呂志恆，接著自稱「開國大元帥」，舉旗抗官，鳳山、淡水也跟著響應，直到一八三三年一月張丙等人敗於官兵，事件才逐漸平息。

張丙起事時曾強攻鹽水港，導致要員傷亡。官方發覺每一次民變，

人民的能力和勢力都有「進化」，城垣當然也得跟著升級。事後，閩浙總督程祖洛上奏倡議構築外城，兌悅門就是這個時期的產物，至今保存完整，仍然供人穿行，融入當地人的生活。

兌悅門是一八三五年興建的三座城門之一，位於西方，屬於八卦兌方，因此取名「兌悅」，城門基座用咾咕石砌造，俗稱咾咕石甕城。（攝影／林靜怡）

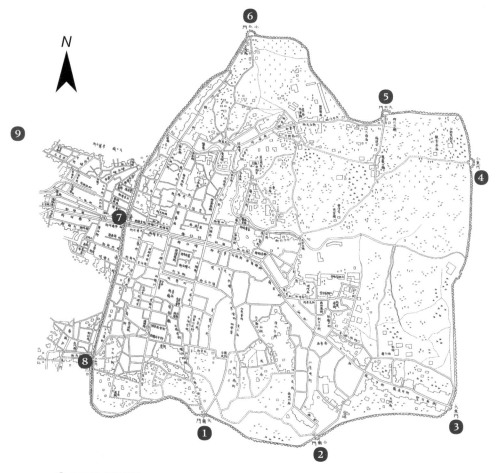

N

① 大南門（寧南門）
② 小南門
③ 大東門（迎春門）
④ 小東門
⑤ 大北門
⑥ 小北門
⑦ 大西門
⑧ 小西門
⑨ 兌悅門

臺南城圖

朱一貴事件後，基於治安防衛的需求，官方於雍正三（一七二五）年興建七座木柵城，包括東、西、南、北四座大門與東、南、北三座小門。乾隆五十三（一七八八）年爆發林爽文事件，事後清朝將木柵城改建爲土城。十九世紀初年蔡牽來襲，小西門至小北門之間興建木柵以爲因應，後來改建爲土城並重建三座外城城門，竣工於道光十六（一八三六）年的兌悅門就是其中之一。日治時期，傳統城池失去防禦功能，又不利於新式城市發展，於是逐一拆除。一九三五年，大南門、大東門等獲日本政府指定爲「史蹟名勝天然紀念物」，古城門才得以保存下來。（資料來源／〈臺南城圖〉，中央研究院人社中心 GIS 專題中心 (2020).[online] 臺灣百年歷史地圖 . Available at: http://gissrv4.sinica.edu.tw/gis/twhgis/ [2022.08.20]）

從一連串隨著動盪而變動的城池演變史，後世的人們不難從每一個階段的城池修築，推敲當時城市的治理邏輯，看見一座城市的興衰榮枯。五條港約在今神農街一帶，由新港墘港、佛頭港、南勢港、南河港、安海港所組成。隨著時間遞嬗，河港、河道淤積成為街道，人們在或乾涸、或淤塞的水道上建起高樓、開拓馬路，觀光老街兩旁的雙層木屋記錄著河港繁盛的過去，那些屋子在清代可能是商號、倉庫、店家或住屋。居民和遊客常在晚餐時間前去覓食、散散步。如今水仙宮市場周邊有許多道地美食，穿梭巷弄間，正可想像自己走在一條又一條的河道上，腳下的土地在十八、十九世紀時曾見證一場場海上盜商風雲，是府城壯闊歷史的一頁。

張丙之亂後，為增強防禦而增建月城、外城和砲台，巽方砲臺就是其中之一，位於大東門外城，鞏固府城東南，東南方又稱為「巽」，因此稱為「巽方砲臺」，是少數僅存的城牆內陸砲台，戰後成為禪修院建築的一部分。（攝影／林靜怡）

鳳山縣的移動城垣

　　蔡牽侵擾臺灣時，另有一路人馬與他聯手，那便是海盜朱濆。朱濆率眾入侵埤頭街的鳳山縣新城，占城將近三個月，迫使軍民暫時撤到舊城，圖謀反攻。蔡牽之亂後，鳳山縣新城又被許尚、楊良斌等亂民攻陷，官兵們覺得新城實在太容易攻陷了，於是又研議將官署遷回舊城。

　　一八二六年，鳳山縣舊城再度大興土木，改建為以花崗岩和咾咕石為主的石造城池，如同臺南府城，許多經費也來自民間捐輸。

　　有了過去莊大田翻過龜山入城的前車之鑑，新建的石城乾脆將龜山包在城牆裡，以防憾事再次發生。鳳山縣雙城一南一北，雖然堅固程度差不多，周遭的繁華程度可大大不同。道光年間，鳳山縣新城附近生活方便，曹公圳不但提供穩定的水源，更兼具護城河的功能，官府於是決定在新城增建城樓和砲台，加強城池的軍事功能。新城防禦指數提升，又是地方的政經重心，官民更不願意搬遷了。從舊城到新城，足足得走兩個時辰，不難想見當時紳民一想到要搬家的厭世神情。總而言之，即便清廷下令，鳳山縣的官員仍待在新城辦公，日後經過官員的上奏，提出住在鳳山新城的人口比舊城多，清廷才終於拍板定案，將鳳山縣治設在鳳山新城，結束紛擾的雙城爭議。

　　如今的鳳山縣舊城東門遺跡前有一大片草原，是附近居民散步、

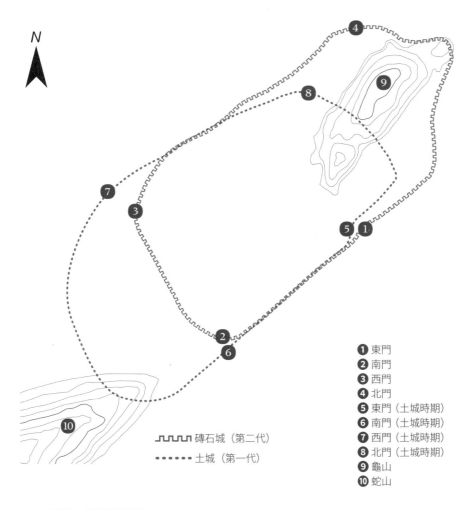

N

1	東門
2	南門
3	西門
4	北門
5	東門（土城時期）
6	南門（土城時期）
7	西門（土城時期）
8	北門（土城時期）
9	龜山
10	蛇山

ЛЛЛЛ 磚石城（第二代）

•••••• 土城（第一代）

鳳山縣新、舊城範圍略圖

鳳山縣舊城奠基於康熙六十一（一七二二）年興築的土城，如今見到的城門、城牆等則是道光五（一八二五）年改建的遺蹟。舊城是清朝統治臺灣所興建的第一座城池，乾隆五十一（一七八六）年林爽文起兵，南部民眾響應兩度攻入舊城，令舊城殘破不堪，促使縣城遷移至下埤頭街（今鳳山區）。道光五年舊城改築隔年竣工，是臺灣第一座石造城池。舊城堅固卻日漸蕭條，因為新城已是鳳山縣的政經中心，地位難以撼動，卻也因此讓舊城獲得較為完整的保存。對舊城影響最大的莫過於一九三七年日本爲了興建左營軍港和眷社，而拆除北門、西門、南門之間多數城牆，二戰後開闢勝利路也拆毀北門一帶城牆，剩餘的大致就是今日所見的舊城了。（資料來源／黃清琦，《漫步左營舊城：歷史地圖集》，二○二○，蔚藍文化）

東門（鳳儀門）保存完整，洋溢著舊時風情。（攝影／林靜怡）

遊憩之處，默默地融入於居民的日常生活中。舊城西門「奠海門」已拆除，南門「啓文門」留有城門矗立於馬路中央。

　　東門「鳳儀門」與北門「拱辰門」的城垣定時開放，城樓消失後並未重建，護城河乾涸，土石裸露，舊時水流環城的風光也不再，不過穿過城門，沿著仍然相當完整的舊城東門馬道散步，一路上可見供士兵藏身的雉堞、用來窺視敵人動向的窺孔與昔日的砲台。漫步其上，偶或遇到穿著清朝官服與日軍裝扮的文史工作者，他們向孩子們介紹舊城歷史，可以說是真人版的沉浸式體驗。城門前的立牌印著 QR 碼，拿起手機掃描，手機螢幕登時出現從前清朝官民的生活，頗爲有趣。

《見城》大戲，東門上演。（攝影／呂鴻瑋）

舊時的城垣在現代戰爭中已不具防禦功能，但透過科技和文史工作者的努力，搖身一變成為居民和觀光客親近歷史的場域，變成日常生活的一環。

二〇一六年，高雄市政府提出再造歷史現場的「見城計畫」，鳳山縣舊城的東門公園附近成立了一座「見城館」，以舊城歷史策展。此外，作為計畫一環的藝術推廣活動，東門城垣曾上演過一齣大戲《見城》，各式傳統戲曲歌仔戲、亂撇仔戲、京劇等輪番上陣，藉舊城築城的始末與演變，講述高雄這座城市的歷史。《見城》是環境劇場，戲迷和居民各自搬來椅子，在草皮上或站或坐，看知名戲曲演員們以

68 Kyujo (Old castle), Takao. （臺灣高雄） 舊　　城
高雄の北方にあり今は全く廢墟になつて居りますが宏壯な
りし昔が偲ばれます

日治時期的鳳山縣舊城東門（鳳儀門），城樓仍在，護城河依舊，
荒廢之中猶可追見舊日宏觀。（來源／國立臺灣歷史博物館）

舊城為背景上演一段城之歷史。仔細想來，現在的人們早已無法再見
到歷史洪流裡的王侯將相、英雄海寇或草民百姓。唯有集眾人之力建
起的城牆，能夠橫越時間留存下來，在城市一隅靜看人潮來往、聚落
興衰與政權更迭，以城垣石身銘記時代的痕跡。

北門門洞兩側的門神，「神荼」右手持鐧、左手執鎚，「鬱壘」右手執環、左手持硬鞭，造型生動，氣勢威嚴。（提供／文化部文化資產局）

　　閉上眼睛，我們彷彿能看見遠方有船行海面，風鼓起船帆，船尾在水面上迤邐波紋，各方船隻帶來劫掠、征戰卻也承載著一群人開展新生的盼望，貿易往來促進城鎮與島的繁榮。那是個海上無王權的競合時代，人們逐利而往「拚生死」，敢死亦敢拚一線生機。

門城舊 （雄高）

THE KYUJOMON (THE GATE OF OLD-CASTLE). (FORMOSA TAKAO)

1

2

1. 大約一百年前的鳳山縣舊城南門。（來源／國立臺灣歷史博物館）

2. 圓環裡的舊城南門，城樓於日治時期消失，一九六一年重建。（攝影／呂鴻瑋）

3

3. 舊城馬道。（攝影／呂鴻瑋）
4. 滄海桑田，舊城內部今爲公園。
　（攝影／呂鴻瑋）

4

從軍事設施到文化史蹟

　　一八九五年，日本開始統治臺灣，面對前朝遺留下的建築物，日本政府自有想法。一九一九年日本帝國會議確立「史蹟名勝天然紀念物保存法」，說明日本部分人士已有史蹟保存的概念，後來這項法案也在臺灣實施，於是從前用來防禦的城垣轉身成了史蹟。

　　日治時期臺南州轄下的史蹟分成三類，第一類由街庄自行維護保存；第二類是州提撥經費保存；第三類則是由國庫撥經費保存全臺具

代表性的史蹟。臺南的大南門與大東門就是在此前提下被分爲第二類加以修繕的。[7]一九三五年府城的大南門、大東門和小西門等三座城門獲臺灣總督府指定爲史蹟,同年十二月鳳山縣舊城也被指定成史蹟。

　　古蹟文物保存和現代城市發展似乎是一道兩難選擇題。日治時期的「市區改正」計畫以現代思維治理城市,爲了因應交通需求,日本拆除城門、城垣,只有少數幸運兒留了下來。許多城垣的土石在朝代更迭中被官民挪作他用,建造民住屋、塡地或興建公共建設。這些城垣被挖得殘破,有些斷垣和居民住宅或尋常建築融爲一體,例如府城南門段的城垣,早在日治時期就成爲今臺南女中的部分圍牆。

臺灣府城大東門。（攝影／林靜怡）

1

2

3

4

5

1-3. 日治時期的臺灣府城大東門、小西門、大南門。（引
　　自／《臺灣紹介 最新寫眞集》，來源／國立臺灣歷史
　　博物館）

4. 臺灣府城大南門。（攝影／林靜怡）

5. 臺灣府城城垣南門段殘蹟，牆的另一邊就是臺南女
　　中。（攝影／林靜怡）

城垣上是休憩的好去處，圖爲臺灣府城大南門甕城城垣。（攝影／林靜怡）

　　數百年來，無論海盜、震洋特攻隊還是海軍，鳳山縣舊城似乎總
與海上戰士相始終。

　　近年文史工作者發現，鳳山縣舊城附近有二戰時日本自殺小艇部
隊「震洋特攻隊」的基地和震洋神社。二戰期間日本自殺式攻擊部隊
有兩種，空戰是「神風特攻隊」，海戰卽是「震洋特攻隊」，都是爲
了攻擊美軍戰艦而生。日本從本土、臺灣等地招募年輕的「海軍飛行

預備科練習生」受訓，而後派往前線進行自殺式攻擊。根據研究，鳳山縣舊城的「震洋特攻隊」並未實際出航執行任務，但處於戰爭狀態下的年輕人並不知道這一點，當他們決定從軍，面對變換多端的海洋時，是否感到恐懼、迷惘呢？他們離開家鄉，告別家人，做好在戰火下屍骨無存的心理準備，奔赴一場無法回頭的海上戰役。明清時期的海盜梟雄揚帆出海，至少還可能回家，日治時期的自殺小隊出了海卻只能魂斷海上，化為幽魂。

戰後，國民政府遷臺，鳳山縣舊城所在的左營地區延續日治時期的軍事思維，成為中華民國的海軍大本營，大量住民隨之而來，相鄰的鳳山縣舊城一帶成為海軍眷村（例如海光三村）所在地，附近還有

建在鳳山縣舊城城牆西門段上的震洋神社參拜道。（攝影／呂鴻瑋）

娛樂場所。此外，有的城垣和城門化爲居民家屋的一部分，因爲建個能遮風避雨的安身之所才是要緊事，當時無暇顧及文物保存，近來就有文史工作者發現長年佚失的鳳山縣新城部分門額被當成水溝蓋超過半世紀。

隨著文資保存意識抬頭，殘存的城垣重要性獲得重新發掘，施工加固與維修，轉換成文化教育資產或作爲觀光用途。隨著城垣意涵的轉變，城內與城外的人們不再鮮明地被區隔開來。

豔陽照南城，今日的太陽百年前也照著同一片土地上的先民，他們在日光下流血、流汗，赤足踏在暖熱的泥地上打拚，點點滴滴都是努力求生的歷史足跡。朝代更迭，潮汐來去，過往的海水化爲此刻行人腳下的土地。遙望古城，踩踏其上，吹過頰旁的風有時是囈語有時是哭號，都是歷史汪洋中吹來的風，仔細聽，彷彿便能聽見穿越時間而來的先民的聲音。

鳳山縣舊城西段城垣殘蹟，有許多眷村時期增建物的痕跡。（攝影／呂鴻瑋）

註

1. 林文龍（2014），〈《靖臺實錄》引發爭功問題平議〉。國史館臺灣文獻館《電子報》。2023年5月5日檢索自 https://www.th.gov.tw/epaper/site/page/118/1671。

2. 蔡侑樺（2017）。《原臺灣府城城門及城垣殘蹟》，頁27-28。臺南：臺南市文化局。

3. 同註2。頁32。

4. 同註2。頁35。

5. 吳建昇（2021）。《驚濤戰府城——海賊王蔡牽在臺南》，頁140-142。臺南：臺南市政府文化局。

6. 同註5。頁142。

7. 同註2。頁74。

槓仔寮砲台

二沙灣砲台

大武崙砲台

滬尾礮臺

臺北府城

臺灣城（安平古堡）殘蹟

堡壘誕生
——從熱蘭遮城到臺灣城

熊一蘋

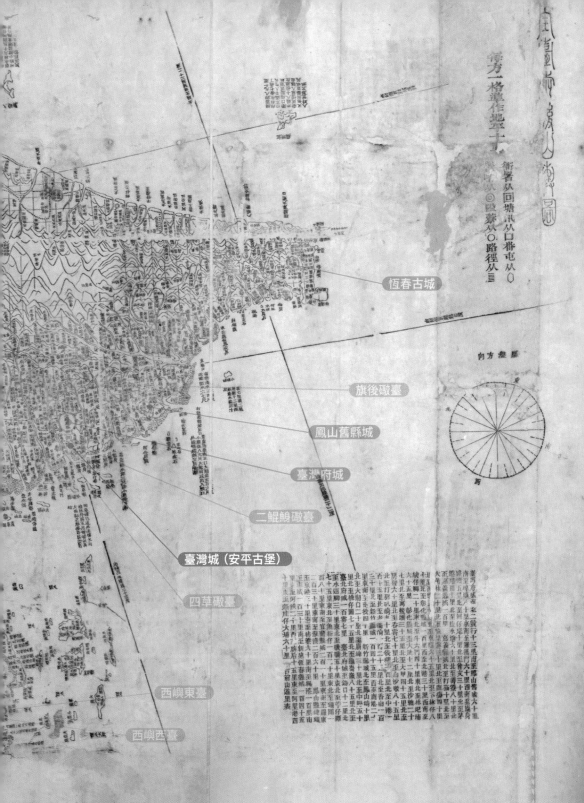

臺灣城（安平古堡）

恆春古城

旗後礮臺

鳳山舊縣城

臺灣府城

二鯤鯓礮臺

四草礮臺

西嶼東臺

西嶼西臺

臺灣城殘蹟。（攝影／林靜怡）

臺灣城（熱蘭遮城）

始建年代：1624 年
指定年代：1983 年（臺灣城殘蹟）
所在地：臺南市安平區國勝路 82 號

N

臺灣城（熱蘭遮城）

臺灣府城

底圖／Google 地球

225

接近安平古堡園區，行人專用區前的義交抬起手，指示機車騎士別再繼續往前，一旁的老街則充滿了人潮。也許是正逢臺南四百年前夕，這座被視為紀年起點的古堡周圍，確實比平時更熱鬧一點。

　　若是掉轉車頭，在一旁的公園找位子停車，在脫下的安全帽時回頭一看，就可能會看見一座銅像矗在面前：民族英雄鄭成功。一個臺灣人再熟悉不過的名字。

　　銅像並不特別雄偉，但民族英雄的眼神睥睨，好像在訓斥遊客不該只想著悠閒的觀光。

　　此處已近王城，休得放肆。到了這裡，就連路邊水溝蓋上的樣式，都是安平古堡的四角稜堡輪廓。還沒走進園區，鄭成功和古堡的形象已經無所不在。

　　有的人第一次來安平古堡時還是小孩子年紀，即使可能對歷史和古蹟沒什麼興趣，但多少會透過《鄭成功大戰妖魔》之類的兒童讀物，認識這位曾經環遊臺灣、降妖服魔的鄭成功有著不少浪漫憧憬。然而小孩或許會忘記書裡已經明確提醒，這些都是編造出來的傳說。

　　踏上鄭成功曾經進駐的城堡，就像走進了書裡的幻想場景。當孩子跨坐在城牆上展示的火砲砲身，望著遠處的風景，心裡或許會自然而然浮現一個想法：鄭成功就是在這裡擊退荷蘭人的啊。

臺灣城一般以「安平古堡」之名為人所知。瞭望塔於
一九七五年加建，登高遠望，可以看見鹽水溪出海口與
臺灣海峽。（攝影／林靜怡）

　　這個錯誤未免有點荒謬，畢竟古堡最早是荷蘭人蓋的，鄭成功是
趕走他們之後才接收的。也許在孩子的心中，勝利的好人才是城堡的
擁有者，想要強奪卻失敗的壞人才會落荒而逃，幾乎不留一點痕跡。
然而，在紀念鄭成功的安平古堡園區中，還有一座容易被忽略的、由
荷蘭人建立的熱蘭遮城。

漫長的築城之路

距今四百年前，福爾摩沙這個「美麗之島」的名字已經被記載在西方的海圖上，卻還沒有被正式納入近代文明世界的政治版圖。在當時的臺灣，除了有讓航海家讚嘆的自然景觀，還有著原住民族聚落、從中國南部沿海地區移居而來的漢人、在臺灣海峽活躍的海盜集團，以及帶著幕府的許可證前來，在明朝官員默許下進行轉口貿易的日本商人。這些人有的長住於此，有的只是短暫停留，在這個開放的無主之地休養生息，順便看看有沒有什麼好生意。

既方便和鄰近的中華帝國來往，又不真正受到哪個國家的法令、條約管制，在東亞的海上貿易逐漸興盛起來的十七世紀，勢力版圖隨時可能變動，臺灣是個各方勢力都能利用的良好緩衝地帶。

正因如此，在荷蘭人正式進駐臺灣，聲稱自己對進出這座島嶼的一切有管理的權力之後，隨之而來的一連串動盪，才會如此劇烈。[1]

一六二四年，荷蘭東印度公司的初代臺灣長官宋克（Martinus Sonck）乘著熱蘭遮號（Zeelandia）來到臺灣島的南方，準備在此建立一個新的據點。和印象不同的是，與其說這時的宋克是一個野心勃勃的殖民者，不如說更像是被找來收拾殘局的倒楣傢伙。

幾個月前，前任長官雷爾生（Cornelis Reyersen）在澎湖經歷了一

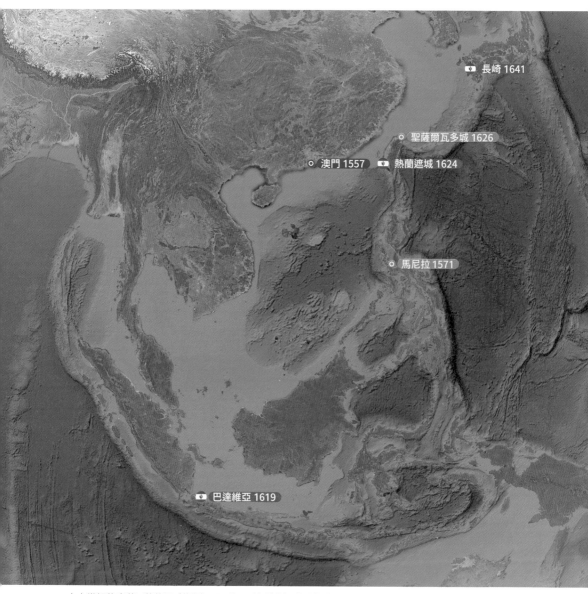

長崎 1641

聖薩爾瓦多城 1626

澳門 1557　熱蘭遮城 1624

馬尼拉 1571

巴達維亞 1619

十六世紀後半葉，葡萄牙（藍色）、西班牙（土黃色）分別在澳門和菲律賓馬尼拉建立亞洲據點，不久，荷蘭東印度公司（VOC）前進亞洲，先於巴達維亞（今印尼雅加達）建立亞洲總部，隨後在臺灣建立熱蘭遮城。一六四二年荷蘭揮軍北臺灣，攻陷基隆，結束西班牙人在北臺灣歷時十六年的殖民統治。從一六二四年起，荷蘭在臺殖民統治近四十年，直到一六六二年為鄭成功所敗。（底圖／Google 地球）

場慘痛的敗仗。雷爾生原本已經成功地占領澎湖，並且向明朝派出使者，要求對方開放貿易，但這批使者幾乎全被俘虜或處死。明軍更緊接著集結兵力，準備收回帝國邊境的這塊領土。大軍很快進攻澎湖本島，架起大量火砲，展現出壓倒性的兵力，將雷爾生與他的部下圍困在風櫃的城堡裡。

眼看局勢已經無法挽回，雷爾生只好向公司在巴達維亞的總部發出求援，而宋克就是在這樣的窘況下來到澎湖，準備和明軍進行談判。[2]

在雙方交涉進行期間，一位不屬於任何一方的使者從日本平戶前來。他是當地中國商人的領袖人物李旦，荷蘭人稱呼他為「中國船長」，一位荷蘭軍人說他讓自己的龐大船隊在海上任意掠奪，「敬拜所有神祇，卻與所有人為敵。自稱來維護我們的安全，同時也尋求我們的保護」，[3]這樣的描述基本適用於當時所有亦商亦盜的海上亡命之徒。

李旦帶來的建議是這樣的：荷蘭人撤離澎湖，拆除堡壘，轉而前往鄰近的臺灣，那裡並不是明朝認定的領土。如此一來，中國將繼續與荷蘭保持友好，也不會阻止商人到臺灣進行貿易。從李旦的角度來說，這個建議理應是為了避免讓他的船隊捲入荷西兩國在菲律賓週邊海域的衝突，[4]但對中荷雙方來說，這也確實是一個既不喪失顏面，又能維持友好往來的方案。

或許會讓宋克感到慶幸的是，在雷爾生還占有澎湖時，曾經一度

前往臺灣，到一座被稱爲「大員」的沙洲進行探勘，甚至建立了簡單的堡壘。雖然這座堡壘在澎湖開戰後被棄守、拆除，但當宋克不得不從澎湖撤退、前往臺灣，大員的堡壘遺址便成了建立新據點的首選。

經歷了如此一番波折，荷蘭人在大員建立的，就是後來的熱蘭遮城。從古地圖來看，大員是一座三面環海的沙洲，方便船隻停靠，但沙洲本身面積不大，與本島相連的地方只有南端一段狹長的陸地，幾乎是孤立於臺灣之外的一座小島，當時的臺江堪稱天然港口，熱蘭遮城所在地正好扼守港口，是不錯的守備位置。

抵達大員後，宋克馬上開始規劃城堡的建築工程。他們在沙洲上選擇了一塊高地，將四周用木板圍起來，中間用沙土填實，再用從外地運來的建材加以強化。最初幾年，熱蘭遮城是一座沙土夯成的城堡，周圍沒有護城河或柵欄防護，城牆四角各有一座稜堡，但大砲架設的位置不佳，缺乏實際上的威懾效果，只能夠抵擋原住民族和漢人的騷擾。[5] 更糟糕的是，如果有人爬上城堡周圍的沙丘，甚至可以直接將石頭丟進城裡，[6] 這樣的防禦能力顯然是不夠的，熱蘭遮城的擴建勢在必行。

一六二八年，發生在熱蘭遮城內部的一場衝突讓荷蘭人燃起了危機意識。剛上任的長官接獲日方有意占領臺灣的線報，扣押了幾艘載有異常強大火力的日本商船，船長濱田彌兵衛不斷抗議這樣的行爲太過粗暴，要求荷蘭方盡快讓他們出境。

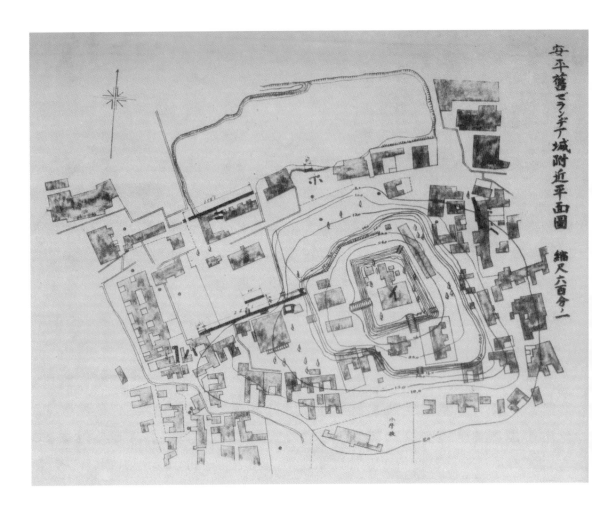

安平舊熱蘭遮城附近平面圖

　　臺灣城卽荷蘭人興建的熱蘭遮城，就是今人熟悉的「安平古堡」，建於一六二四年，歷時十年才完成，坐落於當時臺灣西南沿海的一鯤鯓沙洲，爲荷蘭對中國、日本貿易的中途站及統治臺灣的政治中心。鄭成功領臺後，將一鯤鯓改稱安平鎮，並以熱蘭遮城（當時稱爲「臺灣城」）爲軍事重地。康熙二十三（一六八四）年，臺灣納入清朝領土，政治中心移至今臺南市區，安平的臺灣城改爲軍裝局，成爲單一功能的衙門，港口與行政中心的功能逐漸衰退。同治七（一八六八）年，英國軍艦來犯，城內軍火庫爆炸導致城牆損毀。日治時期，爲了建造安平海關宿舍，臺灣城殘蹟被夷爲平地，於其上重建方形臺階式高臺，中央則興建一棟洋樓，這就是後人熟知的安平古堡。古堡右側的臺基下方殘存一段厚厚的半圓形稜堡基座，飽經風霜，依然堅實，城垣爬滿古榕蒼勁的根脈，斑駁中猶見剛毅。（資料來源／〈安平舊ゼランヂナ城附近平面圖〉，引自臺南州共榮會臺南支會編，《臺灣文化史說》，臺灣日日新報社臺南支局，一九三○）

在一次漫長的談判中，濱田和他的部下決定訴諸武力。短暫交戰後，他們成功挾持了包含臺灣長官在內的幾名人質，在長官房間裡和士兵對峙。城外很快地集結了數百名日本人和當地居民，揚言要配合局勢，一舉攻進城內。荷蘭方擔心這起事件背後有更大的陰謀，想盡快發動不計代價的強攻，但被挾持的長官非常堅持要和平對談，讓事件大致以荷蘭方的退讓收場。[7]

濱田彌兵衛事件後，接任的臺灣長官開始將注意力轉移到對臺灣的治理上，開始接觸島內的原住民族、開發資源，規劃讓商人居住的新市鎮，熱蘭遮城的擴建也是其中一項重大工程。先是將城牆的材料從沙土更換為磚造，再逐一興建新的砲台、稜堡、兵營和倉庫，歷任

熱蘭遮城復原模型——熱蘭遮城可能的面貌。（攝影／林靜怡）

長官前前後後花了十多年的時間，將熱蘭遮城逐漸擴建爲一座有著三層結構的堡壘，由分成上下兩層的方形主堡，和東西向狹長的外堡組成。到了一六四五年，城內的教堂興建完成後，這座象徵著荷蘭人統治權威的城堡，已大致展現它的最終樣貌。

從外堡東側的主要出入口往前，經過有著市集、工坊和刑場的一大片廣場，就是已經發展得相當繁榮的熱蘭遮市鎮，井然有序的棋盤式街道中，並存著荷式和漢式風格的家屋。與中國的貿易往來在城堡擴建期間漸趨穩定，吸引許多人來到這裡居住，再加上明清交替之際的戰亂，也有不少漢人選擇逃離中國，移居臺灣。[8]

在一六五〇年，在臺灣的漢人已經有一萬五千人。然而，在接下來的幾年，從中國來的商船越來越少，讓臺灣的經濟幾乎面臨崩潰。一位新的領袖接管了中國沿海地區，爲商人下達了嚴格的禁運令。幸運的是，荷蘭派出了一位叫何斌的通譯前往協議，成功解除了禁令，兩岸的貿易一度恢復興盛。到了一六六一年，來到臺灣的漢人達到了兩萬五千人以上，但他們帶來的不只是更多可用於勞動的人力，還不約而同地帶來一則已經流傳多年，卻依然足以讓任何一任臺灣長官惴惴不安的消息：

國姓爺要來了。[9]

國姓爺來了

走進安平古堡園區的入口，就可以看見廣場另一頭的舊城牆。從說明板的舊城廓比對圖來看，這是熱蘭遮城外堡南面的城牆，也就是連結本島那條狹長陸路的方向。鄭成功當初進攻熱蘭遮城時，這道牆理應承受了不少砲火，卻依然屹立了四百年之久。一想到這點，就感覺這面爬滿榕樹氣根的老舊城牆，也隱隱約約浮現肅殺氛圍。

說到鄭成功和熱蘭遮城的關係，有個相當值得一提的巧合。鄭成功出生的那年，正是宋克重建熱蘭遮城的那一年，這兩個事件甚至連日期都相當接近。在充滿戲劇性伏筆的那一年，介入中荷談判的李旦不只建議荷蘭人前往臺灣，也為他們介紹了一名通譯，這個人就是鄭成功的父親鄭芝龍。

李旦顯然是希望在荷蘭人身邊安插自己人，但鄭芝龍所作的事並不像是真正效忠任何一方。通譯沒做多久，鄭芝龍就跑去當起了海盜，而荷蘭人也樂意放任他打劫其他國家的船隊。李旦過世後，鄭芝龍繼承了他在中國沿海地區的資源，逐漸壯大為荷蘭和明朝都無法忽視的一股海上勢力。

經歷了幾場戰役和談判後，鄭芝龍選擇接受明朝的招撫，並與荷蘭人保持友好往來。他將七歲的鄭成功從平戶接到自己在泉州的據點，讓他在這裡修習中國的學識。在明朝即將覆滅之際，鄭芝龍決定向清

朝宣示忠誠，而鄭成功選擇與他決裂，揚起反清的旗幟，踏上他下半輩子的征途。[10]

　　關於鄭成功本人的描述非常稀少，幾乎被將他神格化的傳說給淹沒。有些學者認為鄭成功可能確實兼具武士與儒者精神，是位對明朝真心效忠的將領，[11] 也有人認為他是位精於計算的謀略家，打算憑藉自身的海上實力建立一個足以與清朝周旋的勢力。[12] 無論鄭成功是個怎麼樣的人，可以確定的是，荷蘭人對這個頗受島上漢人敬仰，又難以掌握真實意圖的軍事領袖，一直感到非常頭痛。

鄭成功封閉北門，新開南門，稱為「闕閞（讀音如「斜跌」）門」，典故來自春秋時期鄭國的闕閞之門。（攝影／林靜怡）

安平古堡內的鄭成功像。（攝影／林韋聿）

　　對於鄭成功終將進攻臺灣這件事，荷蘭的第十二任，也是最後一任臺灣長官的揆一（Frederick Coyett）始終深信不疑。他上任的第一項任務，就是派出通譯何斌，說服鄭成功重啓中臺之間的貿易往來，這個功勞讓他在公司的評價跟著水漲船高。但另一方面，鄭成功在中國與清朝的戰況不時傳進熱蘭遮城的長官房間。當鄭軍的北伐一再受到重挫，退守到沿海地區的大本營，揆一就越來越相信，鄭成功遲早會率領大軍攻占臺灣，現有的守軍根本不足以抵擋他們。[13]

　　揆一將他的擔憂傳回巴達維亞，但公司完全不認爲鄭成功有發動戰爭的可能，只是象徵性地派出一支艦隊，並且交待他們：出航的費用可不便宜，要是國姓爺沒有打來，記得繞去澳門找葡萄牙人麻煩。

　　揆一對公司的決定感到心灰意冷，堅持要支援艦隊留在大員，和

〈荷蘭人描繪國姓爺軍熱蘭遮城攻略圖〉。一六六一年，鄭成功跨海進攻，從荷蘭人手中取得臺灣。圖為荷蘭人描繪鄭軍攻奪熱蘭遮城的情景。（來源／國立臺灣歷史博物館）

司令大吵一架。最後他們採用了一個難以置信的方式來解決：派出使者到鄭成功的基地，問他到底有沒有要開戰。對於臺灣可能面臨的危機，這個決策簡直是將敷衍和輕視展現到了極致。而理所當然地，鄭成功秉持禮貌的態度，給了個有說跟沒說一樣的答覆。[15]

揆一這時還不知道的是，讓他備受長官青睞的何斌其實是個不老實的騙子，他說服鄭成功的方式，是告訴他荷蘭將向鄭氏進貢，又擅自向商人抽稅來繳納貢銀。事蹟敗露後，何斌潛逃到鄭成功的基地，讓揆一的危機感上升到前所未有的高度，而他的擔心是正確的。何斌又一次欺騙了鄭成功，過於誇大地描述臺灣的富庶，聲稱這裡是一塊可以輕易拿下的沃土，而鄭成功也確實心動了。[16]

一六六一年的四月底，熱蘭遮城的哨兵發現了異狀，有大量的中國帆船出現在西北方的海域。這座未曾經歷眞正戰役的堡壘馬上就知道發生了什麼事：國姓爺的軍隊眞的來了。

雖然揆一對戰爭的預測相當悲觀，但鄭軍眞的到來時，他還是決定抵抗到底。雖然鄭軍的人數更多，也有更多戰爭的經驗，但荷蘭這邊有更大的船艦、更先進的武器，理應有一戰之力。

從雙方的第一波交戰來看，荷蘭軍隊的輕敵和疏忽造成了最壞的結果。他們最大的一艘戰艦在爆炸後沉沒，原因很可能是船員在向砲擊開砲時不小心點燃了火藥室。[17]而在陸戰方面，他們的火槍兵沒注意到戰場後方的伏兵，幾乎被拿著大刀和盾牌的鄭軍給徹底殲滅。[18]

在短短幾天內，鄭成功就占領了海灣另一側的普羅民遮城，和大員沙洲上的熱蘭遮市鎮。他拒絕了和談的條件，要求荷蘭人交出熱蘭遮城，徹底離開臺灣。熱蘭遮城的東面和南面豎起了鄭軍的旗幟，士兵在勉強不會被砲擊到的距離挖掘戰壕、蓋起掩體，準備架起砲台，將熱蘭遮城的城牆轟出一道破口。

和鄭成功曾經攻陷的城池相比，熱蘭遮城的規模簡直不值一提，也難怪他在談判時的態度如此強硬。即使荷蘭人不願開城投降，鄭成功肯定也認爲他能輕易打下這座城堡，[19]事情卻沒有如他所想的發展。在短暫的幾波交火後，戰局便陷入了膠著。在鄭軍雷厲風行地推進，

轉眼將荷蘭人逼到只剩一座孤城的困境後，這場戰爭突然變成了漫長的圍城戰。

　　讓荷蘭人保留最後一口氣的，正是熱蘭遮城。雖然城牆本身並不是特別雄偉厚實，但熱蘭遮城的稜堡有著獨特設計，是歐洲近百年戰爭的鮮血和智慧的結晶，外凸的形狀讓稜堡之間可以完美互相支援，沒有可以讓敵軍架上梯子的射擊死角，更能用角度刁鑽的交叉火線打穿敵軍的掩體，擁有非常強大的火力。[20] 熱蘭遮城展現的火力讓鄭成功放棄強攻，鬆開包圍網，開始將重心放在已經占領的臺灣本土，因為他發現臺灣並不像何斌形容的那麼富庶，必須趕緊張羅米糧來供應大量軍民。

　　圍城一直持續到隔年的二月。在第一波交戰的慘敗後，荷蘭的一艘快艇逆著西南季風返回巴達維亞，這項壯舉為熱蘭遮城帶來了食物和援軍，城內的軍民終於能稍微喘息，揆一卻再度和前來支援的司令官大吵一架，沒能拿下突破性的戰果。[21] 到了冬天，荷鄭雙方都因為糧食不足而痛苦不已，許多士兵早已喪失戰意，兩邊陣營不時出現叛逃者，而其中一位叛逃到鄭軍的荷蘭軍官成了結束戰爭的關鍵。透過他提供的知識，鄭軍建造了一座歐式的新型砲台，成功打下熱蘭遮城西南方的一座碉堡，占領了那塊十分具有威脅性的高地。[22]

　　揆一打算繼續抗戰到底，但其他人阻止了他。這個月中，荷蘭人宣告投降，離開了熱蘭遮城。鄭成功將熱蘭遮所在的大員改名為安平，

〈臺灣地里圖〉（局部）。圖中前景中央爲熱蘭遮城，建在台江口岸的一鯤鯓沙洲，與左邊的北汕尾島隔著鹿耳門水道，一六六一年鄭成功就是從鹿耳門水道進入臺江內海發動攻勢。（來源／美國國會圖書館，Liberary of Congress, Geography and Map Division）

這個地名來自鄭芝龍在泉州的據點。[23] 隨著國姓爺的進駐，熱蘭遮城成爲了當地人口中的「王城」。鄭成功向荷蘭人爭的不只是熱蘭遮城，也是實現他海洋帝國之夢的起點。[24]

　　然而，鄭成功待在這座城堡的時間並不長，甚至比圍城的時間還短。這年六月，鄭成功以不到四十歲的年紀過世，沒能向世人展現他的帝國佈局，不少史學家認爲他的早逝和圍城期間艱困的生活有關。以勝利的代價來說，這實在過於巨大。

熱蘭遮城正門遺蹟。一八七一年，蘇格蘭攝影師湯姆生（John Thomson）抵達臺灣，爲熱蘭遮城留下罕見且珍貴的影像紀錄，當時大門已封閉，門額上刻著的「T'CASTEL ZEELANDIA /GEBOUW ANNO 80」仍可辨識。（來源／ Wellcome Collection. Public Domain Mark. https://wellcomecollection.org/works/syqwaa4f/images?id=qjqvxt6r）

命運曲折的古堡

　　讓鄭軍多耗將近一年才拿下慘勝的稜堡，在如今的安平古堡並沒有留下遺跡，大概園區裡的鄭成功像也不想看到。經歷鄭氏、清朝等政權輪替後，臺灣的發展重心逐漸轉移到島內的府城一帶，曾經的王城幾乎完全失去堡壘的防禦功能，許多空間被當作堆放雜物的倉庫，甚至被挖去做其他工程的建材。[25] 就算不說位置不佳等現實因素，單從政治角度來看，鄭成功依然頗受臺灣民眾愛戴，清朝不太可能悉心維護他的這座王城，以免出現另一位在此宣揚大義的叛軍領袖。

〈熱蘭遮城清領時期之備砲〉。十七世紀末，清廷在熱蘭遮城設立「軍裝局」，用來存放軍備。圖中樹下有三具沒有砲座的砲身墊在石座之上，就是當時的備砲。（來源／國立臺灣歷史博物館）

軍裝局舊址今僅存石匾。（攝影／林靜怡）　　　　　　從其他地方移來的臺灣水師古砲。（攝影／林靜怡）

　　到了日本時代，熱蘭遮城所在地幾乎成為一片廢墟，甚至一度被
剷平，建起新的建築，也就是現在園區內的方形階梯平臺。在這個新
政權的統治期間，熱蘭遮城的定位迎來重大的轉型，契機說巧不巧，
正是一九三〇年的臺灣文化三百年紀念會。

　　和即將到來的臺南四百年相同，日本政府也以熱蘭遮城做為臺灣近
代歷史的起點，將城堡週邊重新整頓，立起了高聳的石碑，不過紀念的
不是鄭成功，而是濱田彌兵衛。只要是安平長大的日本孩子，都聽過濱
田船長的英勇事蹟，也聽過荷蘭士兵的幽靈在此陰魂不散的鬼故事。

　　熱蘭遮城從軍事設施搖身一變，成為歷史公園般的存在，鄰近的

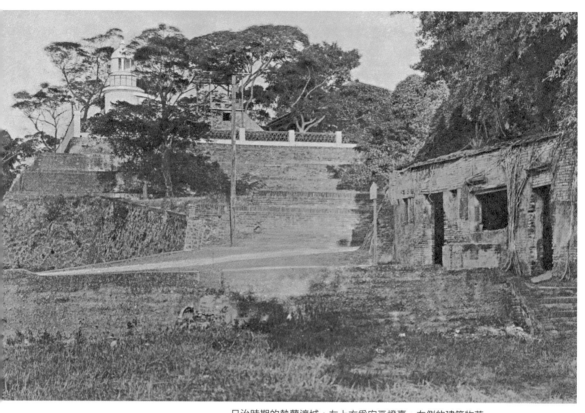

日治時期的熱蘭遮城，左上方爲安平燈臺，右側的建築物荒
廢日久，樹根已糾纏其上。（來源／國立臺灣歷史博物館）

學生和居民都喜歡在這裡遊戲、散心，紅磚搭砌的臺階和上頭的白色
燈塔逐漸成爲新的日常風景。[26] 日本人離開之後，紀念濱田彌兵衛的
文字被抹去，新政府再度爲這座城帶來一個新的名字，這次終於是沿
用至今的安平古堡。

目前園區裡僅存的熱蘭遮城遺跡，除了顯眼的南面城牆，就只
剩下北側一座圓堡，和部分考古現場展示。這幾年，熱蘭遮城和市
鎮的研究有不少進展，預期會在園區內外有更多的遺跡被發掘出土。

日治時期設立的「贈從五位濱田彌兵衛武勇之趾」紀念碑，戰後改刻「安平古堡」四個大字。
（攝影／林靜怡）

　　為了因應考古成果，目前已經被登記為古蹟的幾處熱蘭遮城遺址被重新統整，定名為「熱蘭遮堡」，消息被誤傳為要把大家叫習慣的安平古堡稱呼改掉，一時引起不少討論。這也不難理解，畢竟安平確實是個好名字。安穩、平和，適合日常生活，但鄭成功取名的用意肯定不只如此。以自己在中國的故鄉命名，想必能讓他再次鞏固心懷故土的形象，而站在軍事領袖的立場，安平也令人聯想到安定、平復亂世的印象。從各種角度來看，安平這名字都很值得細細玩味。

　　只不過，看著入園的遊客自然地往紅磚平臺移動，在刻有「安平古堡」的石碑和鄭成功像前拍照，卻幾乎沒人在真正的城牆遺跡前停步，多少讓人有些在意。

在荷鄭最初交涉時，荷蘭其實提出了讓鄭成功占有臺灣，但要讓荷蘭能自由進出大員的條件，看起來依然覺得維持生意往來對雙方都更有利，但鄭成功否決了這項提議，背後的原因也不難理解。從商品的供需來看，荷蘭與鄭氏的關係畢竟是競爭大於互惠，鄭成功舉兵的大義又是驅逐韃虜，要是允許同為異族的荷蘭人在眼皮底下自由來去，又怎麼能跟支持他的軍民交待？

或許鄭成功確實因為過於自信和維持形象，做出了不夠慎重的決定，沒能在攻下臺灣後繼續他的計畫，但歷史終究讓他重新回到這座古堡，讓前來的人緬懷他的風采，更甚於設計、建造這座城堡的荷蘭人。

如果遊客在導覽板前仔細閱讀，應該會發現，除了代表性的南面城牆外，還標出了北側城牆和西南側稜堡（即黑得爾蘭稜堡）的遺跡，但這兩處遺跡其實不在園區內部。

北側城牆就在園區外不遠處。和南側城牆不同，北側城牆只有一個人高，上頭長滿了牛筋草，牆的一邊是座小公園，另一邊就是民宅，看起來毫無歷史的厚重感，但紅磚的堆砌方式確實和園區的南側城牆相似。即使是人來人往的假日，也沒有其他遊客靠近這裡。

至於西南稜堡就沒那麼顯眼，也沒有明顯的指標，只是在園區附近的安平西龍殿轉角處有塊交通招牌一樣的標示，上頭寫著：「安平

古堡天后宮古城牆」。想看稜堡的人要稍微鼓起勇氣，鑽進廟旁的窄巷，才能找到西南稜堡的遺跡。

西南稜堡就位於鄭軍的主要進攻方位，肯定在攻城戰中肯定發生過激烈衝突。窄巷到底，西南稜堡僅剩的那一面牆，確實就在廟的後頭，一個陰暗、潮濕的狹窄空間，紅磚的間隙長滿了羊齒蕨，牆上遍布凹陷，看不出是砲火或是水氣的侵蝕造成。從城牆的磚造結構往上看，是再常見不過的鐵皮加蓋，看起來就是一般民宅。

不知道是誰的這一家人，你家的二樓蓋在很不得了的地方啊！

隨著往後更多熱蘭遮城遺跡出土，這座城牆遲早會離開這個不起眼的空間，更加正式、莊重地被展示出來吧。不過，曾經象徵征服和統治的城堡遺址，在數百年後自然地被掩蓋在常民生活之下，從呈現歷史的角度來說，這或許是最符合「安平」之名的詮釋方式了。

註

1. 以上三段參考王存立《世界珍稀古地圖中的臺灣：從古羅馬到日本帝國，跨越2000年，從83幅精緻稀有古地圖發現臺灣》（貓頭鷹出版社，2021）；甘為霖、翁佳音《荷蘭時代的福爾摩沙》（前衛出版社，2017）、湯錦台《大航海時代的臺灣》（果實出版社，2001）等。

2. 以上三段參考甘為霖、翁佳音《荷蘭時代的福爾摩沙》、湯錦台《大航海時代的臺灣》等。

3. 艾利・利邦（2012）。《利邦上尉東印度航海歷險記：一位傭兵的日誌1617-1627》，頁132。臺北：遠流出版公司。

4. 鄭維中（2021）。《海上傭兵：十七世紀東亞海域的戰爭、貿易與海上劫掠》，頁72-88。臺北：衛城出版。

5. 黃恩宇演講（2022）〈17世紀荷治福爾摩沙雙城記──熱蘭遮與普羅民遮〉（2023年4月15日檢索自 https://youtu.be/ryPnuxj4L_I）；國立成功大學（2021）「鯤首之城：17世紀荷治福爾摩沙的熱蘭遮堡壘與市鎮」展覽文案。

6. 國立成功大學（2021）「鯤首之城：17世紀荷治福爾摩沙的熱蘭遮堡壘與市鎮」展覽文案。原文引自《臺灣長官致巴達維亞總督書信》（1629/09/15）：「熱蘭遮堡位於一個高起來的沙丘上，但是，很靠近這個沙丘的地方，還有高度相同或更高的其他沙丘，站在那些沙丘上可以把石頭丟進這堡壘來。」

7. 甘為霖、翁佳音（2017）。《荷蘭時代的福爾摩沙》，頁95。臺北：前衛出版。原文帶有諷刺語氣，如「長官很激動地回覆（可以料想他會如此），懇求評議會再多一點耐心」等。

8. 熱蘭遮城建築從1928年到1950年的變化參考國立成功大學（2021）「鯤首之城：17世紀荷治福爾摩沙的熱蘭遮堡壘與市鎮」展覽文案與時間表。

9. 關於國姓爺進攻的謠言與歷任臺灣長官對國姓爺的忌憚，參考甘為霖、翁佳音《荷蘭時代的福爾摩沙》（2017）、湯錦台《大航海時代的臺灣》（2001）、C. E. S.《被遺誤的臺灣：荷鄭台江決戰始末記》（2011）等。

10. 關於李旦、鄭芝龍、鄭成功的描述，參考湯錦台《大航海時代的臺灣》（2001）、鄭維中《海上傭兵：十七世紀東亞海域的戰爭、貿易與海上劫掠》（2021）、歐陽泰《決戰熱蘭遮：中國首次擊敗西方的關鍵戰役》（2023）等。

11. 歐陽泰（2023）。《決戰熱蘭遮：中國首次擊敗西方的關鍵戰役》，頁91-93。臺北：時報出版。

12. 同註4。頁334-336。

13. 關於揆一與何斌的描述參考C. E. S.《被遺誤的臺灣：荷鄭台江決戰始末記》（2011）。

14. 此處東印度公司意見參考C. E. S.《被遺誤的臺灣：荷鄭台江決戰始末記》（2011）。

15. 參考C. E. S.《被遺誤的臺灣：荷鄭台江決戰始末記》（2011）、甘爲霖、翁佳音《荷蘭時代的福爾摩沙》（2017）、鄭維中《海上傭兵：十七世紀東亞海域的戰爭、貿易與海上劫掠》（2021）、歐陽泰《決戰熱蘭遮：中國首次擊敗西方的關鍵戰役》（2023）等。關於揆一與支援艦隊司令互動參考C. E. S.《被遺誤的臺灣：荷鄭台江決戰始末記》（2011）及甘爲霖、翁佳音《荷蘭時代的福爾摩沙》（2017）。

16. 本段參考C. E. S.《被遺誤的臺灣：荷鄭台江決戰始末記》（2011）、歐陽泰《決戰熱蘭遮：中國首次擊敗西方的關鍵戰役》（2023）、湯錦台《大航海時代的臺灣》（2001）等。歐陽泰著作稱何斌「顯然是個流氓，是個詐財的騙子」。

17. 同註11。頁167-169。

18. 同註11。頁160-166。

19. 同註11。頁186。

20. 黃恩宇演講（2022）〈17世紀荷治福爾摩沙雙城記──熱蘭遮與普羅民遮〉（2023年4月15日檢索自 https://youtu.be/ryPnuxj4L_I）；國立成功大學（2021）

「鯤首之城：17世紀荷治福爾摩沙的熱蘭遮堡壘與市鎮」展覽文案及歐陽泰《決戰熱蘭遮：中國首次擊敗西方的關鍵戰役》（2023）等。

21. 此處參考歐陽泰《決戰熱蘭遮：中國首次擊敗西方的關鍵戰役》（2023）及C. E. S.《被遺誤的臺灣：荷鄭台江決戰始末記》（2011）等。

22. 同註11。頁327-339。

23. 湯錦台（2001）。《大航海時代的臺灣》，頁96。臺北：果實出版。

24. 同註4。頁422。

25. 董純妤（2017）。碩士論文《熱蘭遮城功能之變遷（1624~迄今)》，頁66。臺南：長榮大學臺灣研究所。

26. 安平會（2002）。《走過歲月之望鄉安平》，頁171-345。臺南：安平鎮文史工作室。

十四處戰爭與軍事遺構國定古蹟大事紀

國定古蹟	年代	臺灣歷史
	1557	葡萄牙人於澳門建立永久定居地
	1571	西班牙建馬尼拉城
	1602	荷蘭聯合東印度公司（VOC）成立
	1604	荷蘭東印度公司欲以澎湖為貿易據點，為沈有容所退
	1619	荷蘭東印度公司在爪哇巴達維亞（今印尼雅加達）建立總部
	1622	荷蘭東印度公司武裝艦隊再次占領澎湖
· 荷蘭人興建熱蘭遮城	1624	荷蘭轉進大員（今臺南市安平區） 鄭成功誕生
	1661	鄭成功向臺灣進軍
	1662	荷蘭大員長官投降 鄭成功逝世
	1684	清朝領有臺灣，設臺灣府與臺灣、諸羅、鳳山三縣，歸福建省管轄
	1721	朱一貴事件

國定古蹟	年代	臺灣歷史
· 鳳山縣第一次建城（土城）	1722	
· 臺灣府城築木柵城（另說建城年代為1723年）	1725	
· 臺灣府城加植莿竹以強化城防	1733	
	1786	林爽文事件
· 臺灣府城改築三合土城	1788	
· 鳳山縣第二次建城（石城）	1825	
· 興建四草礮臺	1840	第一次鴉片戰爭
	1871	琉球宮古島人遭遇船難漂流至八瑤灣（今屏東縣滿州鄉九棚一帶），66人上岸，後來54人因誤會遭高士佛社原住民族人殺害。史稱「八瑤灣事件」。
· 興建二鯤鯓礮臺（億載金城）	1874	日本以八瑤灣事件遇難的琉球人為藉口出兵臺灣，史稱「牡丹社事件」。 沈葆楨奉命來臺督辦防務
· 興建恆春縣城 · 興建旗後礮臺（威震天南）	1875	恆春設縣
	1876	臺北設府

國定古蹟	年代	臺灣歷史
· 興建臺北府城	1882	
	1884	清法戰爭
· 興建二沙灣砲台 · 興建滬尾礮臺	1885	臺灣建省
· 興建西嶼西臺、西嶼東臺	1887	
	1895	日本統治臺灣
· 1900 年左右興建槓仔寮砲台、大武崙砲台 · 臺灣總督府實施「臺北城內市區計畫」，開始拆除臺北府城城牆，至 1904 年底僅留北、東、南及小南門	1900	
	1903	臺灣總督府成立基隆要塞司令部
	1945	日本戰敗離臺
· 指定「臺灣城殘蹟（安平古堡）」、「二鯤鯓礮臺」、「二沙灣礮臺（海門天險）」、「西臺古堡（西嶼西臺）」爲一級古蹟，後改指定爲國定古蹟。 · 指定「臺北府城北門（承恩門）」爲一級古蹟，1998 年變更指定名稱爲「臺北府城——東門、南門、小南門、北門」，後改指定爲國定古蹟。	1983	

國定古蹟	年代	臺灣歷史
・ 指定「鳳山縣舊城」爲一級古蹟，後改指定 爲國定古蹟。 ・ 指定「兌悅門」、「四草礮臺（鎮海城）」、 「恆春古城」、「滬尾礮臺」、「大武崙砲台」 爲二級古蹟，後改指定爲臺灣省省定古蹟， 再改指定爲國定古蹟。 ・ 指定「旗後礮臺」爲二級古蹟，後改制定爲 高雄市市定古蹟，2019 年改指定爲國定古 蹟。 ・ 指定「臺灣府城大南門、大東門、南門段城 垣殘蹟、小東門段城垣殘蹟、巽方砲臺」 爲三級市定古蹟，後改指定爲臺南市市定古 蹟，2023 年與「兌悅門」合併指定爲國定 古蹟。	1985	
・ 指定「西嶼東臺」爲一級古蹟，後改指定爲 國定古蹟。	1991	
・ 指定「槓仔寮砲台」爲一級古蹟，後改指定 爲國定古蹟。	1998	
・ 指定「臺灣府城東門段城垣殘蹟」爲臺南市 市定古蹟，2023 年與「兌悅門」合併指定 爲國定古蹟。	2003	
・ 指定「熱蘭遮城城垣暨城內建築遺構」爲臺 南市市定古蹟，2007 年改指定爲國定古蹟。	2004	

歷史上的刺蝟島

前進全臺十四處戰爭與軍事遺構國定古蹟

出版單位　　文化部文化資產局
　　　　　　發 行 人／陳濟民
　　　　　　行政策劃／吳華宗、粘振裕、陳柏欽
　　　　　　行政執行／鐘郁演、廖玲漳、葉秀玲
　　　　　　地　　址／40247 臺中市南區復興路三段 362 號
　　　　　　電　　話／04-22177777
　　　　　　網　　址／https://www.boch.gov.tw

　　　　　　蔚藍文化出版股份有限公司
　　　　　　地　　址／110408 臺北市信義區基隆路一段 176 號 5 樓之 1
　　　　　　電　　話／02-22431897
　　　　　　臉　　書／https://www.facebook.com/AZUREPUBLISH/
　　　　　　讀者服務信箱／azurebks@gmail.com

作　　者　　朱宥勳、何玟珛、班與唐、熊一蘋、謝宜安、瀟湘神（按姓氏筆劃）
編　　輯　　王威智
美術設計　　楊正字

總 經 銷　　大和書報圖書股份有限公司
　　　　　　地址：248020 新北市新莊區五工五路二號
　　　　　　電話：02-89902588
法律顧問　　衆律國際法律事務所　著作權律師／范國華律師
　　　　　　電話：02-27595585
　　　　　　網站：www.zoomlaw.net

定　　價　　新臺幣 400 元
出版日期　　2023 年 9 月初版一刷
Ｉ Ｓ Ｂ Ｎ　978-986-532-884-9（平裝）
Ｇ Ｐ Ｎ　　1011201105

國家圖書館出版品預行編目（CIP）資料

歷史上的刺蝟島：前進全臺十四處戰爭與軍事遺構國定古蹟 / 朱宥勳, 何玟珛, 班與唐, 熊一蘋, 謝宜安, 瀟湘神作 . -- 初版 . -- 臺中市：文化部文化資產局；臺北市：蔚藍文化出版股份有限公司, 2023.09
　面；　公分
ISBN 978-986-532-884-9(平裝)

1.CST: 文化資產 2.CST: 軍事設施 3.CST: 遺址 4.CST: 文集 5.CST: 臺灣

541.2707　　　　　　　　　　　　　　　　　　112013947